Multiculturalismo: diferenças culturais e
práticas pedagógicas

Dados Internacionais de Catalogação na Publicação (CIP)
(Câmara Brasileira do Livro, SP, Brasil)

Multiculturalismo : diferenças culturais e
práticas pedagógicas / Antonio Flávio Moreira,
Vera Maria Candau (orgs.). 10. ed. – Petrópolis, RJ :
Vozes, 2013.
   Bibliografia.

   7ª reimpressão, 2020.

   ISBN 978-85-326-3655-3
   1. Educação 2. Multiculturalismo 3. Prática de
ensino I. Moreira, Antonio Flávio. II. Candau,
Vera Maria.

08-01318   CDD-370.117

Índices para catálogo sistemático:
1. Educação multicultural   370.117
2. Multiculturalismo : Educação e pedagogia   370.117

Antonio Flávio Moreira
Vera Maria Candau
(orgs.)

Multiculturalismo

Diferenças culturais e práticas pedagógicas

EDITORA
VOZES

Petrópolis

© 2008, Editora Vozes Ltda.
Rua Frei Luís, 100
25689-900 Petrópolis, RJ
www.vozes.com.br
Brasil

Todos os direitos reservados. Nenhuma parte desta obra poderá ser reproduzida ou transmitida por qualquer forma e/ou quaisquer meios (eletrônico ou mecânico, incluindo fotocópia e gravação) ou arquivada em qualquer sistema ou banco de dados sem permissão escrita da editora.

CONSELHO EDITORIAL

Diretor
Gilberto Gonçalves Garcia

Editores
Aline dos Santos Carneiro
Edrian Josué Pasini
Marilac Loraine Oleniki
Welder Lancieri Marchini

Conselheiros
Francisco Morás
Ludovico Garmus
Teobaldo Heidemann
Volney J. Berkenbrock

Secretário executivo
João Batista Kreuch

Editoração: Sheila Ferreira Neiva
Diagramação: AG.SR Desenv. Gráfico
Capa: Bruno Margiotta

ISBN 978-85-326-3655-3

Editado conforme o novo acordo ortográfico.

Este livro foi composto e impresso pela Editora Vozes Ltda.

Sumário

Introdução, 7

1. Multiculturalismo e educação: desafios para a prática pedagógica, 13
Vera Maria Candau

2. Reflexões sobre currículo e identidade: implicações para a prática pedagógica, 38
Antonio Flavio Barbosa Moreira e Michelle Januário Câmara

3. A questão racial na escola: desafios colocados pela implementação da Lei 10.639/03, 67
Nilma Lino Gomes

4. Gênero na sala de aula: a questão do desempenho escolar, 90
Marília Pinto de Carvalho

5. Sexualidades em sala de aula: discurso, desejo e teoria *queer*, 125
Luiz Paulo Moita Lopes

6. Ogan, adósu òjè, ègbónmi e ekedi – O candomblé também está na escola. Mas como? 149
Stela Guedes Caputo

7. Identidades culturais juvenis e escolas: arenas de conflitos e possibilidades, 182
Paulo Carrano

8. Conhecimento escolar, cultura e poder: desafios para o campo do currículo em "tempos pós", 212
Carmen Teresa Gabriel

Introdução

Para Joe Kincheloe e Shirley Steinberg (1997), o multiculturalismo pode significar tudo e, ao mesmo tempo, nada. Daí a necessidade, ao se enfocá-lo, de se especificar o sentido do que se está pretendendo dizer. Quer usado como meta, conceito, atitude, estratégia ou valor, o multiculturalismo costuma referir-se às intensas mudanças demográficas e culturais que têm "conturbado" as sociedades contemporâneas. Por conta da complexa diversidade cultural que marca o mundo de hoje, há significativos efeitos (positivos e negativos), que se evidenciam em todos os espaços sociais, decorrentes de diferenças relativas a raça, etnia, gênero, sexualidade, cultura, religião, classe social, idade, necessidades especiais ou a outras dinâmicas sociais.

Não há como deixar de se oferecer alguma resposta a essa inescapável pluralidade. Multiculturalismo envolve a natureza dessa resposta. Multiculturalismo em educação envolve a natureza da resposta que se dá nos ambientes e arranjos educacionais, ou seja, nas teorias, nas práticas e nas políticas. Multiculturalismo em educação envolve, ainda, um posicionamento claro a favor da luta contra a opressão e a discriminação a que certos grupos minoritários têm, historicamente, sido submetidos por grupos mais poderosos e privilegiados. Nesse sentido, multiculturalismo em educação envolve, necessariamente, além de estudos e pesquisas, ações politicamente comprometidas.

Esta coletânea trata do multiculturalismo em educação e aborda temas candentes no atual cenário educacional. Busca socializar discussões, estudos e princípios norteadores de procedimentos pedagógicos em que questões referentes a identidade, raça, gênero, sexualidade, religião, cultura juvenil e saberes que circulam na escola constituem os motes. A intenção não é, nem jamais poderia ser, oferecer soluções ou propostas aplicáveis a toda e qualquer situação educativa. Contudo, em todos os textos incluídos, encontra-se a preocupação com a escola, com o currículo, com o/a aluno/a e com o/a professor/a, ou seja, com a prática pedagógica. Em síntese, o presente livro analisa possíveis respostas que podem ser dadas ao multiculturalismo na educação.

O primeiro texto, de Vera Candau, focaliza, de modo mais amplo, o multiculturalismo e os desafios que apresenta ao/à professor/a. A autora posiciona-se a favor da interculturalidade, perspectiva que implica aceitar: (a) a inter-relação entre diferentes grupos culturais; (b) a permanente renovação das culturas; (c) o processo de hibridização das culturas e (d) a vinculação entre questões de diferença e de desigualdade. Considerando que a diferença se encontra na base dos processos educativos, Candau sugere possibilidades pedagógicas para o desenvolvimento de uma educação intercultural na escola.

O texto de Antonio Flávio Moreira enfoca um dos temas mais discutidos nos estudos de multiculturalismo – a identidade. Com base na teorização desenvolvida no âmbito dos estudos culturais, discute as concepções de identidade e diferença e apresenta possíveis formas de se lidar com essas temáticas na sala de aula. Ilustra, ainda, por meio de pesquisa realizada em uma sala de aula de leitura, como é possível envolver os alunos em discussões sobre raça, gênero e sexualidade, com a intenção de desafiar representações hegemônicas.

Nilma Gomes, em seu texto, sustenta que o racismo e a desinformação sobre a ascendência africana no Brasil constituem sérios obstáculos à formação de uma consciência coletiva que tenha como eixo de ação política a construção de uma sociedade mais justa e igualitária. Considerando a Lei 10.639/2003, que tornou obrigatório o ensino de História da África e de Cultura Afro-Brasileira nos currículos da escola básica, Gomes ressalta o quanto essa inclusão reflete a vitória das lutas do Movimento Negro no Brasil. Destaca, também, aspectos positivos da nova legislação e alerta para cuidados a serem tomados em sua implementação.

O texto de Marília Pinto Carvalho volta-se para a discussão das relações de gênero na educação, acentuando a necessidade de se considerarem questões ligadas à sexualidade, tendo em vista que a grande maioria do professorado da educação básica, no Brasil, é composta por mulheres. Carvalho investigou a percepção de professoras de Ensino Fundamental sobre o desempenho escolar de meninos e meninas. A falta de clareza quanto aos critérios a serem usados na avaliação fez com que elas recorressem a repertórios e valores pessoais, marcados por preconceitos de classe, raça e gênero. A autora sustenta, em seu texto, não ser possível enfrentar os problemas centrais da educação sem uma adequada apropriação do conceito de gênero.

Luiz Paulo Moita Lopes aborda o tema da sexualidade, ainda tabu na sala de aula, onde o corpo é "apagado" para que passe despercebido. O autor defende o potencial da teorização *queer* para a educação, vendo-a como capaz de redimensionar propostas contidas em documentos oficiais em que a sexualidade é tratada. A teorização *queer* problematiza qualquer sentido de verdade e de normatividade em relação à sexualidade, oferecendo-nos a possibilidade de compreender as sexualidades para além das políticas da diferença. Nessa perspectiva, recusa-se qualquer essência para a sexualidade: somos construídos socialmente, sob as redes do poder, configurados pelos significados diversificados que nos rodeiam, pelas múltiplas culturas que nos atravessam. Se os sentidos à nossa volta são construções, podem ser refeitos ou reinventados. Faz-se, então, possível experimentar outros modos de ser, pensar e desejar.

Stella Caputo inicia seu texto, cujo objeto é o candomblé na escola, apresentando crianças de terreiros que ama, admira e respeita. Mostra-nos como crianças e adultos são preparados nos terreiros, durante um período por vezes longo. Aos poucos, a autora apresenta-nos algumas das crianças que participam desse processo e que logram penetrar nos mistérios e segredos do candomblé. Todos se dizem orgulhosos da religião que professam. Na escola, porém, a situação se modifica. Sentem-se discriminados por colegas e professores, o que se confirma em entrevistas e observações realizadas. Essa situação tornou-se mais aguda com a implantação, no Estado do Rio de Janeiro, da Educação Religiosa, para cujo ensino se fez concurso público e se contrataram docentes. Para a autora, que defende a escola laica, o que "era ruim tornou-se pior". Caputo nos alerta, em síntese, para a cruel dinâmica de silenciamento a que são submetidos alguns de nossos estudantes, com nefastas consequências para sua autoestima.

O texto elaborado por Paulo Carrano enfoca as culturas juvenis, destacando seu potencial criativo na reformulação das escolas e dos currículos. Procura trazer elementos que facilitem aos docentes compreender os contextos culturais de experimentação da vivência do tempo da juventude e empregar essa compreensão de modo a levar o jovem a encontrar sentido nos tempos e espaços escolares. Cabe ao/à educador/a atuar com o propósito de construir unidade social em sociedades marcadas por diferenças e desigualdades. Nessa perspectiva, escutar-se e escutar o outro constituem condições para o reconhecimento e a comunicação. Espera-se, ainda, que os professores se esforcem por: (a) promover a leitura crítica das mensagens emitidas pela publicidade; (b) trabalhar com as experiências prévias dos jovens alunos e (c) reformular os currículos de modo a reorganizar espaços e tempos de compartilhamento de saberes, bem como ampliar a experiência social pública e o direito de todos às riquezas simbólicas e materiais da cidade.

Carmen Teresa Gabriel insiste na importância da discussão do conhecimento escolar, em tempos de ambivalência, de múltiplos sentidos, de decisões na incerteza, de subversão, de se colocar a escola sob suspeita. Procura explorar a fecundidade da permanência da questão, mais do que as respostas já oferecidas. Aborda a relevância da temática, tendo em vista a recente "virada cultural", que desestabilizou as bases epistemológicas subjacentes às matrizes teóricas que empregávamos para ler o mundo. A autora coloca-se a favor de novas formas de se articular diferentes teorizações, no campo do currículo, para que se potencializem os aspectos políticos e epistemológicos da interface conhecimento e cultura. Gabriel sustenta que o processo de hibridização dos discursos sobre cultura, conhecimento, poder e currículo favorece reflexões críticas e pós-críticas referentes ao conhecimento escolar, sem que se abra mão da crença na escola pública como importante espaço político em que um mundo melhor pode ser configurado.

Esperamos que os artigos incluídos nesta coletânea incentivem as discussões e as pesquisas sobre currículos multiculturalmente orientados, assim como instiguem práticas renovadas e sempre mais democráticas, tanto no nível da escola quanto no da formação docente.

Apoiando-nos em Edward Said (2007), acreditamos que as pessoas, em todo o mundo, podem ser, e o são, movidas por ideais de justiça e igualdade. Acreditamos, também, na noção, daí derivada, de que os ideais de liberdade e instrução ainda instilam nos desprotegidos energia suficiente para resistir à tirania, à discriminação, à injustiça. Tais ideais, que Said considera vivos e em bom estado, precisam alimentar os esforços de renovação de nossas escolas e de nossos currículos.

Referências bibliográficas

KINCHELOE, J.L. & STEINBERG, S.R. *Changing multiculturalism*. Buckingham: Open University Press, 1997.

SAID, E.W. *Humanismo e crítica democrática*. São Paulo: Companhia das Letras, 2007.

1
Multiculturalismo e educação: desafios para a prática pedagógica

Vera Maria Candau
PUC-Rio

A problemática da educação escolar está na ordem do dia e abarca diferentes dimensões: universalização da escolarização, qualidade da educação, projetos político-pedagógicos, dinâmica interna das escolas, concepções curriculares, relações com a comunidade, função social da escola, indisciplina e violência escolares, processos de avaliação no plano institucional e nacional, formação de professores/as, entre outras.

O que parece consensual é a necessidade de se reinventar a educação escolar (CANDAU, 2005) para que possa oferecer espaços e tempos de ensino-aprendizagem significativos e desafiantes para os contextos sociopolíticos e culturais atuais e as inquietudes de crianças e jovens.

Este trabalho pretende oferecer alguns elementos para aprofundar na compreensão das relações entre educação e cultura(s), particularmente nas sociedades multiculturais em que vivemos.

Parto da afirmação de que não há educação que não esteja imersa nos processos culturais do contexto em que se situa. Neste sentido, não é possível conceber uma experiência pedagógica "desculturizada", isto é, desvinculada totalmente das questões culturais da sociedade. Existe uma relação intrínseca entre educação e cultura(s). Estes universos estão profundamente entrelaçados e não podem ser analisados a não ser a partir de sua íntima articulação. No entanto, há momentos históricos em que se experimenta um descompasso, um estranhamento e mesmo um confronto intenso nestas relações. Acredito que estamos vivendo um desses momentos.

Partindo destas afirmações básicas, considero importante que nos perguntemos: o que há de novo na maneira contemporânea de conceber estas relações? Por que se fala e se discute tão acaloradamente hoje sobre as relações entre educação e cultura(s)? Que especificidade esta problemática tem na atualidade?

Uma nova leitura das relações entre educação e cultura(s)

Uma primeira aproximação a esta problemática nos vem dada pelos inúmeros trabalhos de autores com diferentes orientações teórico-metodológicas, que têm analisado e denunciado o caráter em geral padronizador, homogeneizador e monocultural da educação, especialmente presente no que se denomina como *cultura escolar* e *cultura da escola* (FORQUIN, 1993).

Nesta perspectiva, afirma Gimeno Sacristán (2001: 123-124):

> A diversidade na educação é ambivalência, porque é desafio a satisfazer, realidade com a qual devemos contar e problema para o qual há respostas contrapostas. É uma chamada a respeitar a condição da realidade humana e da cultura, forma parte de um programa defendido pela perspectiva democrática, é uma pretensão das políticas de inclusão social e se opõe ao domínio das totalidades únicas do pensamento moderno. Uma das aspirações básicas do programa pró-diversidade nasce da rebelião ou da resistência às tendências homogeneizadoras provocadas pelas instituições modernas regidas pela pulsão de estender um projeto com fins de universalidade que, ao mesmo tempo, tende a provocar a submissão do que é diverso e contínuo "normalizando-o" e distribuindo-o em cate-

gorias próprias de algum tipo de classificação. Ordem e caos, unidade e diferença, inclusão e exclusão em educação são condições contraditórias da orientação moderna. [...] E, se a ordem é o que mais nos ocupa, a ambivalência é o que mais nos preocupa. A modernidade abordou a diversidade de duas formas básicas: assimilando tudo que é diferente a padrões unitários ou "segregando-o" em categorias fora da "normalidade" dominante.

Hoje esta consciência do caráter homogeneizador e monocultural da escola é cada vez mais forte, assim como a consciência da necessidade de romper com esta e construir práticas educativas em que a questão da diferença e do multiculturalismo se façam cada vez mais presentes.

Uma outra contribuição que consideramos muito interessante para uma nova compreensão das relações entre educação e cultura(s) diz respeito a uma concepção da escola como um espaço de *cruzamento de culturas*, fluido e complexo, atravessado por tensões e conflitos.

Para Perez Gómez (1994; 2001), a escola deve ser concebida como um espaço ecológico de *cruzamento de culturas*, cuja responsabilidade específica que a distingue de outras instâncias de socialização e lhe confere identidade e relativa autonomia é a mediação reflexiva daquelas influências plurais que as diferentes culturas exercem de forma permanente sobre as novas gerações.

> O responsável definitivo da natureza, do sentido e da consistência do que os alunos e as alunas aprendem em sua vida escolar é este vivo, fluido e complexo cruzamento de culturas que se produz na escola, entre as propostas da cultura crítica, alojada nas disciplinas científicas, artísticas e filosóficas; as determinações da cultura acadêmica, refletidas nas definições que constituem o currículo; os influxos da cultura social constituída pelos valores hegemônicos do cenário social; as pressões do cotidiano da cultura institucional

presente nos papéis, nas normas, nas rotinas e nos ritos próprios da escola como instituição específica; e as características da cultura experiencial adquirida individualmente pelo aluno através da experiência nos intercâmbios espontâneos com seu meio (PEREZ GÓMEZ, 2001: 17).

Conceber a dinâmica escolar nesta perspectiva supõe repensar seus diferentes componentes e romper com a tendência homogeneizadora e padronizadora que impregna suas práticas. Para Moreira e Candau (2003: 161):

> A escola sempre teve dificuldade em lidar com a pluralidade e a diferença. Tende a silenciá-las e neutralizá-las. Sente-se mais confortável com a homogeneização e a padronização. No entanto, abrir espaços para a diversidade, a diferença e para o cruzamento de culturas constitui o grande desafio que está chamada a enfrentar.

No momento atual, as questões culturais não podem ser ignoradas pelos educadores e educadoras, sob o risco de que a escola cada vez se distancie mais dos universos simbólicos, das mentalidades e das inquietudes das crianças e jovens de hoje.

Parto deste universo de preocupações. Acredito que o mal-estar que se vem acentuando em nossas escolas, entre os professores e professoras, assim como entre os alunos e alunas, exige que nos enfrentemos com a questão da crise atual da escola não de um modo superficial, que tenta reduzi-la à inadequação de métodos e técnicas, à introdução das novas tecnologias da informação e da comunicação de forma intensiva, ou ao ajuste da escola à lógica do mercado e da chamada modernização. Situo a crise da escola em um nível mais profundo. Faço minhas as palavras de Veiga Neto (2003: 110) quando afirma:

> Sentimos que a escola está em crise porque percebemos que ela está cada vez mais desenraizada da sociedade. [...] A educação escolarizada funcionou como uma imensa maquinaria encarregada de fabricar o su-

jeito moderno. [...] Mas o mundo mudou e continua mudando rapidamente sem que a escola esteja acompanhando tais mudanças (VEIGA NETO, 2003: 110).

As diferentes abordagens do multiculturalismo

As relações entre educação e cultura(s) nos provocam a nos situar diante das questões colocadas hoje pelo multiculturalismo no âmbito planetário e de cada uma das realidades nacionais e locais em que vivemos. As configurações desta problemática são distintas conforme o contexto em que nos situemos e suscitam muitas discussões e polêmicas no momento atual. Defensores e críticos confrontam suas posições apaixonadamente.

Na América Latina e, particularmente, no Brasil a questão multicultural apresenta uma configuração própria. Nosso continente é um continente construído com uma base multicultural muito forte, onde as relações interétnicas têm sido uma constante através de toda sua história, uma história dolorosa e trágica principalmente no que diz respeito aos grupos indígenas e afrodescendentes.

A nossa formação histórica está marcada pela eliminação física do "outro" ou por sua escravização, que também é uma forma violenta de negação de sua alteridade. Os processos de negação do "outro" também se dão no plano das representações e no imaginário social. Neste sentido, o debate multicultural na América Latina nos coloca diante da nossa própria formação histórica, da pergunta sobre como nos construímos socioculturalmente, o que negamos e silenciamos, o que afirmamos, valorizamos e integramos na cultura hegemônica. A problemática multicultural nos coloca de modo privilegiado diante dos sujeitos históricos que foram massacrados, que souberam resistir e continuam hoje afirmando suas identidades e lutando por seus direitos de cidadania plena na nossa sociedade, enfrentando relações de poder assimétricas, de subordinação e exclusão.

No plano nacional, convém salientar que, pela primeira vez na nossa história, uma proposta educacional que emana do Ministério de Educação, os *Parâmetros Curriculares Nacionais*, publicados em 1997 e que suscitaram grandes controvérsias quanto à sua concepção, processo de construção e estruturação interna, incorporou entre os temas transversais o da pluralidade cultural. Esta opção não foi pacífica e sim objeto de controvérsias, de toda uma negociação onde a pressão dos movimentos sociais se fez presente. O próprio documento assim justifica a introdução da temática da pluralidade cultural no currículo escolar:

> É sabido que, apresentando heterogeneidade notável em sua composição populacional, o Brasil desconhece a si mesmo. Na relação do país consigo mesmo é comum prevalecerem vários estereótipos, tanto regionais quanto em relação a grupos étnicos, sociais e culturais.
>
> Historicamente, registra-se dificuldade para se lidar com a temática do preconceito e da discriminação racial/étnica. O país evitou o tema por muito tempo, sendo marcado por "mitos" que veicularam uma imagem de um Brasil homogêneo, sem diferenças, ou, em outra hipótese, promotor de uma suposta "democracia racial" (*Parâmetros Curriculares Nacionais*, vol. 10: 22).

Uma das características fundamentais das questões multiculturais é exatamente o fato de estarem atravessadas pelo acadêmico e o social, a produção de conhecimentos, a militância e as políticas públicas. Convém ter sempre presente que o multiculturalismo não nasceu nas universidades e no âmbito acadêmico em geral. São as lutas dos grupos sociais discriminados e excluídos, dos movimentos sociais, especialmente os referidos às questões étnicas e, entre eles, de modo particularmente significativo entre nós, os referidos às identidades negras, que constituem o *locus* de produção do multiculturalismo. Sua penetração na universidade se deu num segundo momento e, até hoje, atrevo-me a afirmar, sua presença é frágil e objeto de muitas discussões, talvez exatamente por seu caráter profundamente marcado pela intrínseca relação com a dinâmica dos movimentos sociais. Por outro lado, as questões relativas ao multiculturalismo só recentemente têm sido incluídas nos cursos de formação inicial de educadores/as e, assim mesmo, de modo esporádico e pouco sistemático, ao sabor de iniciativas pessoais de alguns professores/as. Quanto à formação continuada, por iniciativas oficiais e de várias organizações não governamentais, algumas vezes em parceria entre organismos públicos e ONGs, várias experiências têm sido promovidas no sentido de favorecer a incorporação da perspectiva multicultural na educação básica. Também a pesquisa sobre esta temática vem adquirindo pouco a pouco maior visibilidade e abrangendo diversas dimensões.

Outra dificuldade para se penetrar na problemática do multiculturalismo está referida à polissemia do termo. A necessidade de adjetivá-lo evidencia esta realidade. Expressões como multiculturalismo *conservador, liberal, celebratório, crítico, emancipador, revolucionário* podem ser encontradas na produção sobre o tema e se multiplicam continuamente. Certamente inúmeras e diversificadas são as concepções e vertentes multiculturais.

Neste sentido, considero imprescindível explicitar a concepção que privilegio ao tratar as questões suscitadas hoje pelo multiculturalismo.

Um primeiro passo nesta direção é distinguir duas abordagens fundamentais: uma descritiva e outra propositiva. A primeira afirma ser o multiculturalismo uma característica das sociedades atuais. Vivemos em sociedades multiculturais. Podemos afirmar que as configurações multiculturais dependem de cada contexto histórico, político e sociocultural. O multiculturalismo na sociedade brasileira, como já foi destacado, é diferente daquele das sociedades europeias ou da sociedade estadunidense. Nesta concepção se enfatizam a descrição e a compreensão da construção da configuração multicultural de cada contexto específico. A perspectiva propositiva entende o multiculturalismo não simplesmente como um dado da realidade, mas como uma maneira de atuar, de intervir, de transformar a dinâmica social. Trata-se de um projeto político-cultural, de um modo de se trabalhar as relações culturais numa determinada sociedade, de conceber políticas públicas na perspectiva da radicalização da democracia, assim como de construir estratégias pedagógicas nesta perspectiva.

Na perspectiva propositiva é necessário distinguir diferentes concepções que podem inspirar esta construção. Muitos são os autores que têm oferecido indicações nesta linha e elencado um grande número de tipos de abordagens multiculturais. No contexto do presente trabalho vou me referir unicamente a três abordagens que considero fundamentais e que estão na base das diversas propostas: o multiculturalismo assimilacionista, o multiculturalismo diferencialista ou monoculturalismo plural e o multiculturalismo interativo, também denominado interculturalidade.

A abordagem assimilacionista parte da afirmação de que vivemos numa sociedade multicultural, no sentido descritivo. Nessa sociedade multicultural não existe igualdade de oportunidades para todos/as. Há grupos, como os indígenas, negros, homossexuais, pessoas oriundas de determinadas regiões geográficas do próprio país ou de outros países e de classes populares, e/ou com baixos níveis de escolarização, com deficiência, que não têm o mesmo acesso a determinados serviços, bens, direitos fundamentais que outros grupos sociais, em geral, de classe média ou alta, brancos, considerados "normais" e com elevados níveis de escolarização. Uma política assimilacionista – perspectiva prescritiva – vai favorecer que todos/as se integrem na sociedade e sejam incorporados à cultura hegemônica. No entanto, não se mexe na matriz da sociedade, procura-se integrar os grupos marginalizados e discriminados aos valores, mentalidades, conhecimentos socialmente valorizados pela cultura hegemônica. No caso da educação, promove-se uma política de universalização da escolarização, todos/as são chamados a participar do sistema escolar, mas sem que se coloque em questão o caráter monocultural e homogeneizador presente na sua dinâmica, tanto no que se refere aos conteúdos do currículo quanto às relações entre os diferentes atores, às estratégias utilizadas nas salas de aula, aos valores privilegiados, etc. Simplesmente os que não tinham acesso a esses bens e a essas instituições são neles incluídos tal como se configuram. Estratégias de caráter compensatório são implementadas para efetivar estas políticas. Essa posição defende o projeto de afirmar uma "cultura comum", a cultura hegemônica, e, em nome dele, deslegitima dialetos, saberes, línguas, crenças, valores "diferentes", pertencentes aos grupos subordinados, considerados inferiores, explícita ou implicitamente. Segundo McLaren (1997: 115), *um pré-requisito para juntar-se à turma é desnudar-se, desracializar-se e despir-se de sua própria cultura.*

Uma segunda concepção pode ser denominada de multiculturalismo diferencialista ou, segundo Amartya Sen (2006), *monocultura plural*. Esta abordagem parte da afirmação de que quando se enfatiza a assimilação termina-se por negar a diferença ou por silenciá-la. Propõe então colocar a ênfase no reconhecimento das diferenças. Para garantir a expressão das diferentes identidades culturais presentes num determinado contexto afirma ser necessário garantir espaços próprios e específicos em que estas se possam expressar com liberdade, coletivamente. Somente assim os diferentes grupos socioculturais poderão manter suas matrizes culturais de base. Algumas das posições nesta linha terminam por ter uma visão estática e essencialista da formação das identidades culturais. São então enfatizados o acesso a direitos sociais e econômicos e, ao mesmo tempo, é privilegiada a formação de comunidades culturais homogêneas com suas próprias organizações – bairros, escolas, igrejas, clubes, associações, etc. Na prática, em muitas sociedades atuais terminou-se por favorecer a criação de verdadeiros *apartheid* socioculturais.

Estas duas posições são as mais presentes nas sociedades atuais. Algumas vezes convivem de maneira tensa e conflitiva. São elas que em geral são focalizadas nas polêmicas sobre a problemática multicultural. No entanto, situo-me numa terceira perspectiva, que propõe um multiculturalismo aberto e interativo, que acentua a interculturalidade por considerá-la mais adequada para a construção de sociedades democráticas, pluralistas e inclusivas, que articulem políticas de igualdade com políticas de identidade.

A perspectiva intercultural

Algumas características especificam esta perspectiva. Uma primeira, que considero básica, é a promoção deliberada da inter-relação entre diferentes grupos culturais presentes em uma determinada sociedade. Neste sentido, esta posição se situa em confronto com todas as visões diferencialistas que favorecem processos radicais de afirmação de identidades culturais específicas, assim como com as perspectivas assimilacionistas que não valorizam a explicitação da riqueza das diferenças culturais.

Por outro lado, rompe com uma visão essencialista das culturas e das identidades culturais. Concebe as culturas em contínuo processo de elaboração, de construção e reconstrução. Certamente cada cultura tem suas raízes, mas estas são históricas e dinâmicas. Não fixam as pessoas em determinado padrão cultural engessado.

Uma terceira característica está constituída pela afirmação de que nas sociedades em que vivemos os processos de hibridização cultural são intensos e mobilizadores da construção de identidades abertas, em construção permanente, o que supõe que as culturas não são "puras". A hibridização cultural é um elemento importante para se levar em consideração na dinâmica dos diferentes grupos socioculturais.

A consciência dos mecanismos de poder que permeiam as relações culturais constitui outra característica desta perspectiva. As relações culturais não são relações idílicas, não são relações românticas, elas estão construídas na história e, portanto, estão atravessadas por questões de poder, por relações fortemente hierarquizadas, marcadas pelo preconceito e discriminação de determinados grupos.

Uma última característica que gostaria de assinalar diz respeito ao fato de não desvincular as questões da diferença e da desigualdade presentes hoje de modo particularmente conflitivo, tanto no plano mundial quanto em cada sociedade. Afirma esta relação, complexa e que admite diferentes configurações em cada realidade, sem reduzir um polo ao outro.

A perspectiva intercultural que defendo quer promover uma educação para o reconhecimento do "outro", para o diálogo entre os diferentes grupos sociais e culturais. Uma educação para a negociação cultural, que enfrenta os conflitos provocados pela assimetria de poder entre os diferentes grupos socioculturais nas nossas sociedades e é capaz de favorecer a construção de um projeto comum, pelo qual as diferenças sejam dialeticamente incluídas.

Para Catherine Walsh (2001: 10-11) a interculturalidade é:

> • Um processo dinâmico e permanente de relação, comunicação e aprendizagem entre culturas em condições de respeito, legitimidade mútua, simetria e igualdade.
>
> • Um intercâmbio que se constrói entre pessoas, conhecimentos, saberes e práticas culturalmente diferentes, buscando desenvolver um novo sentido entre elas na sua diferença.
>
> • Um espaço de negociação e de tradução onde as desigualdades sociais, econômicas e políticas, e as relações e os conflitos de poder da sociedade não são mantidos ocultos e sim reconhecidos e confrontados.

- Uma tarefa social e política que interpela ao conjunto da sociedade, que parte de práticas e ações sociais concretas e conscientes e tenta criar modos de responsabilidade e solidariedade.
- Uma meta a alcançar.

Para esta autora, apesar de vários países latino-americanos terem introduzido a perspectiva intercultural nas reformas educativas, "não há um entendimento comum sobre as implicações pedagógicas da interculturalidade, nem até que ponto nelas se articulam as dimensões cognitiva, procedimental e atitudinal; ou o próprio, o dos outros e o social" (p. 12).

Esta professora da Universidad Andina Simon Bolivar (sede Equador), coordenadora do programa de doutorado em Estudos Culturais Latino-Americanos, vem desenvolvendo trabalhos interessantes e inovadores sobre a questão intercultural hoje na América Latina, especialmente a partir da experiência dos países andinos. Afirma que:

> O conceito de interculturalidade é central à (re)construção de um pensamento crítico-outro – um pensamento crítico de/a partir de outro modo –, precisamente por três razões principais: primeiro porque está vivido e pensado desde a experiência vivida da colonialidade [...]; segundo, porque reflete um pensamento não baseado nos legados eurocêntricos ou da Modernidade e, em terceiro, porque tem sua origem no sul, dando assim uma volta à geopolítica dominante do conhecimento que tem tido seu centro no norte global (WALSH, 2005: 25).

Esta perspectiva da interculturalidade constitui uma tarefa complexa e desafiante, que apenas está dando seus primeiros passos entre nós. São poucos os/as autores/as e as iniciativas que se colocam nesta direção. Em geral, quando se promove o diálogo intercultural se assume uma abordagem de orientação liberal e se focaliza, com frequência, as interações entre diferentes grupos socioculturais de um modo superficial, reduzido à visibilização de algumas expressões culturais destes grupos, sem enfrentar a temática das relações de poder que perpassam as relações interculturais, nem as matrizes profundas, mentalidades, imaginários, crenças, configuradoras de sua especificidade.

"A diferença está no chão da escola": algumas propostas para trabalharmos nossas práticas pedagógicas

Esta afirmação feita por uma professora de didática entrevistada no contexto da pesquisa *Ressignificando a Didática na perspectiva multi/intercultural*[1] foi destacada por revelar, de forma breve, porém expressiva, o reconhecimento da questão da diferença na educação escolar como algo que lhe é inerente. Se a cultura escolar é, em geral, construída marcada pela homogeneização e por um caráter monocultural, invisibilizamos as diferenças, tendemos a apagá-las, são todos alunos, são todos iguais. No entanto, a diferença é constitutiva da ação educativa. Está no "chão", na base dos processos educativos, mas necessita ser identificada, revelada, valorizada. Trata-se de dilatar nossa capacidade de assumi-la e trabalhá-la.

Tendo presente as reflexões dos itens anteriores, proponho alguns elementos que considero importantes para que seja possível caminhar na direção da construção de práticas pedagógicas que assumam a perspectiva intercultural. São eles:

Reconhecer nossas identidades culturais

Um primeiro aspecto a ser trabalhado, que considero de especial relevância, diz respeito a proporcionar espaços que favoreçam a tomada de consciência da construção da nossa própria identidade cultural, no plano pessoal, situando-a em

---

1. Pequisa realizada pelo Gecec – Grupo de Estudos sobre Cotidiano, Educação e Cultura(s), do Departamento de Educação da PUC-Rio, com o apoio do CNPq, no período de 2003 a 2006.

relação com os processos socioculturais do contexto em que vivemos e da história do nosso país.

O que tenho constatado é a pouca consciência que em geral temos destes processos e do cruzamento de culturas presente neles. Tendemos a uma visão homogeneizadora e estereotipada de nós mesmos, em que nossa identidade cultural é muitas vezes vista como um dado "natural". Desvelar esta realidade e favorecer uma visão dinâmica, contextualizada e plural das nossas identidades culturais é fundamental, articulando-se a dimensão pessoal e coletiva destes processos. Ser conscientes de nossos enraizamentos culturais, dos processos de hibridização e de negação e silenciamento de determinados pertencimentos culturais, sendo capazes de reconhecê-los, nomeá-los e trabalhá-los constitui um exercício fundamental.

Em minha atividade docente voltada para a formação de educadores/as, tenho proposto em várias ocasiões exercícios orientados a esta tomada de consciência. É bastante frequente a afirmação *nunca pensei na formação da minha identidade cultural*, ou, mesmo, *me considero uma órfã do ponto de vista cultural*, expressão usada por uma professora jovem, querendo se referir à dificuldade de nomear os referentes culturais configuradores de sua trajetória de vida, mais visualizada como uma *celebração móvel* (HALL, 1997). A socialização entre os/as alunos/as dos relatos sobre a construção de suas identidades culturais em pequenos grupos tem-se revelado uma experiência profundamente vivida, muitas vezes carregada de emoção, que dilata a consciência dos próprios processos de formação identitária do ponto de vista cultural, assim como a capacidade de ser sensível e favorecer este mesmo dinamismo nas respectivas práticas educativas. Estes exercícios podem ser introduzidos desde os primeiros anos da escolarização, orientados a identificar as raízes culturais das famílias, do próprio contexto de vida – bairro, comunidades –, valorizando-se as diferentes características e especificidades de cada pessoa e grupo.

Desvelar o daltonismo cultural *presente no cotidiano escolar*

Esta é uma expressão utilizada pelos conhecidos autores Stephen Stoer e Luiza Cortesão (1999: 56) que assim a justificam:

> Ao apontar o multiculturalismo como uma nova forma de globalização, Boaventura Sousa Santos afirma que o mundo é um "arco-íris de culturas" (SANTOS, 1995). Ora, partindo deste conceito para uma (eventualmente arriscada) analogia, e admitindo que é importante ser capaz de "ver" este e outros conjuntos de cores, poderemos recordar que algumas pessoas, apesar de disporem de um aparelho visual morfologicamente bem constituído, não são capazes de discernir toda uma gama de tonalidades que compõem o arco-íris. Alguns ficam com uma capacidade reduzida de identificação de tons cinzentos: são os daltônicos. A analogia proposta aqui é a de que a não conscientização da diversidade cultural que nos rodeia em múltiplas situações constituiria uma espécie de "daltonismo cultural".

Esta analogia está orientada a salientar a importância de se desvelar os processos de construção deste *daltonismo cultural*, que favorece o caráter monocultural da cultura escolar, e que tem implicações muito negativas para a prática educativa, como vários estudos têm salientado. Algumas destas implicações para os/as alunos/as, principalmente aqueles/as oriundos de contextos culturais habitualmente não valorizados pela sociedade e pela escola, são: a excessiva distância entre suas experiências socioculturais e a escola, o que favorece o desenvolvimento de uma baixa autoestima, elevados índices de fracasso escolar e a multiplicação de manifestações de desconforto, mal-estar e agressividade em relação à escola.

O *daltonismo cultural* tende a não reconhecer as diferenças étnicas, de gênero, de diversas origens regionais e comunitárias ou a não colocá-las em evidência na sala de aula por diferentes razões: a dificuldade e falta de preparo para lidar com estas questões, o considerar que a maneira mais adequada de agir é centrar-se no grupo "padrão", ou, em outros casos, por, convivendo com a multiculturalidade quotidianamente em diversos âmbitos, tender a naturalizá-la, o que leva a silenciá-la e não considerá-la como um desafio para a prática educativa. Trata-se de um "dado" que não incide na dinâmica escolar. Não corresponde à escola trabalhar estas questões. No entanto, de acordo com Forquin (2000: 61):

> Um ensino pode estar endereçado a um público culturalmente plural, sem ser, ele mesmo, multicultural. Ele só se torna multicultural quando desenvolve certas escolhas pedagógicas que são, ao mesmo tempo, escolhas éticas ou políticas. Isto é, se na escolha dos conteúdos, dos métodos e dos modos de organização no ensino, levar em conta a diversidade dos pertencimentos e das referências culturais dos grupos de alunos a que se dirige, rompendo com o etnocentrismo explícito ou implícito que está subtendido historicamente nas políticas escolares "assimilacionistas", discriminatórias e excludentes.

Ter presente o *arco-íris das culturas* nas práticas educativas supõe todo um processo de desconstrução de práticas naturalizadas e enraizadas no trabalho docente para sermos educadores/as capazes de criar novas maneiras de situar-nos e intervir no dia a dia de nossas escolas e salas de aula.

Identificar nossas representações dos "outros"

Junto do reconhecimento da própria identidade cultural e o rompimento com o "daltonismo cultural", outro elemento a ser ressaltado se relaciona às representações que construímos dos "outros", daqueles que consideramos *diferentes*.

As relações entre "nós" e os "outros" estão carregadas de estereótipos e ambiguidade. Em sociedades em que a consciência das diferenças se faz cada vez mais forte, reveste-se de especial importância que educadores/as e alunos/as se aprofundem em questões tais como: quem incluímos na categoria "nós"? Quem são os "outros"? Como caracterizamos cada um destes grupos?

Esses são temas fundamentais que estamos desafiados a trabalhar nas relações sociais e, particularmente, na educação. As nossas maneiras de situarmo-nos em relação *aos* outros tende "naturalmente", isto é, estão construídas, a partir de uma perspectiva etnocêntrica. Incluímos na categoria "nós", em geral, aquelas pessoas e grupos sociais que têm referenciais culturais e sociais semelhantes aos nossos, que têm hábitos de vida, valores, estilos, visões de mundo que se aproximam dos nossos e os reforçam. Os "outros" são os que se confrontam com estas maneiras de nos situar no mundo, por sua classe social, etnia, religião, valores, tradições, etc.

Skliar e Duschatzky (2000) distinguem três formas como a diversidade tem sido enfrentada, configurando os imaginários sociais sobre a alteridade: *o outro como fonte de todo mal, o outro como sujeito pleno de um grupo cultural, o outro como alguém a tolerar.*

No primeiro modo, segundo estes autores, assume-se uma visão binária e dicotômica. Uns são os bons, os verdadeiros, os autênticos, os civilizados, os cultos, os defensores da liberdade e da paz. Os "outros" são maus, falsos, bárbaros, ignorantes e terroristas. Se nos situamos nos primeiros, o que temos de fazer é eliminar, neutralizar, silenciar, dominar ou subjugar os "outros". Caso nos sintamos representados como integrantes do polo oposto, ou internalizamos a nossa *maldade* e nos deixamos *salvar*, passando para o lado dos *bons*, ou nos confrontamos violentamente com estes.

Também na educação, essa perspectiva tem se traduzido de diferentes maneiras, algumas mais sutis e outras mais explícitas. Está presente quando o fracasso escolar é atribuído a características sociais ou étnicas dos/as alunos/as; quando diferenciamos os tipos de escolas segundo a origem dos alunos e alunas, considerando que uns/umas são melhores que os/as outros/as, têm maior potencial e, para se desenvolver uma educação de qualidade não podem se misturar com sujeitos de menor potencial; quando, como professores/as, situamo-nos diante dos/as alunos/as, a partir de estereótipos e expectativas diferenciadas segundo a origem social e as características culturais dos grupos de referência, quando privilegiamos somente a comunicação verbal, desconsiderando outras formas de comunicação humana, como a corporal, a artística, etc.

A afirmação *os outros como sujeitos plenos de uma marca cultural* parte de uma concepção de cultura em que esta representa uma comunidade homogênea de crenças e estilos de vida. A radicalização dessa visão levaria a encerrar a alteridade na diferença. As diferenças são essencializadas. Na área da educação, pode se revestir de duas principais manifestações:

> [...] uma entrada folclórica, caracterizada por um percurso turístico de costumes, e escolarizada, que converte a diversidade cultural em um almanaque que engrossa a lista dos festejos escolares [e] a reivindicação da localização como retórica legitimadora da autonomia institucional (SKLIAR & DUSCHATZKY, 2000: 171).

Quanto à expressão "o outro como alguém a tolerar", convida a admitir a existência de diferenças, mas *nessa admissão reside um paradoxo, já que ao aceitar o diferente como princípio também se deveria aceitar os grupos cujas marcas são os comportamentos antissociais ou opressivos* (SKLIAR & DUSCHATZKY, 2000: 135). No campo da educação, a tolerância pode nos instalar no pensamento débil, evitar que examinemos e tomemos posição em relação a valores presentes na cultura contemporânea, fazer-nos evitar polemizar, assumir a conciliação como valor último e evitar questionar a "ordem" como comportamentos a serem cultivados.

Poderíamos acrescentar outras formas de situar-nos diante dos "outros": clientes, parceiros, sujeitos de direito, etc. No entanto, para Skliar e Duschatzky, as categorias que propõem parecem expressar as posições mais presentes na nossa sociedade, através de diferentes versões e inter-relações, e nos permitem evidenciar a complexidade das questões relacionadas à alteridade e à diferença hoje.

Para Taylor (2002), nosso sentido tácito da condição humana pode bloquear nossa compreensão dos "outros". Portanto, é importante promover processos educacionais que permitam que identifiquemos e desconstruamos nossas suposições, em geral implícitas, que não nos permitem uma aproximação aberta e empática à realidade dos "outros". E também favoreçamos este processo em nossas salas de aula.

Os "outros", os diferentes, muitas vezes estão perto de nós, e mesmo dentro de nós, mas não estamos acostumados a vê-los, ouvi-los, reconhecê-los, valorizá-los e interagir com eles. Na sociedade em que vivemos há uma dinâmica de construção de situações de apartação social e cultural que confinam os diferentes grupos socioculturais em espaços diferenciados, onde somente os considerados *iguais* têm acesso. Ao mesmo tempo, multiplicam-se as grades, os muros, as distâncias, não somente físicas, como também afetivas e simbólicas entre pessoas e grupos cujas identidades culturais se diferenciam por questões de pertencimento social, étnico, de gênero, religioso, etc.

Estes processos também se dão no contexto escolar e as questões de discriminação e racismo assumem diversas manifestações. A interação entre os diferentes está muitas vezes marcada por situações de conflito, de negação e exclusão, que podem chegar a diversas formas de violência.

O/a educador/a tem um papel de mediador na construção de relações interculturais positivas, o que não elimina a existência de conflitos. O desafio está em promover situações em que seja possível o reconhecimento entre os diferentes, exercícios em que promovamos o colocar-se no ponto de vista, no lugar sociocultural do outro, nem que seja minimamente, descentrar nossas visões e estilos de afrontar as situações como os melhores, os verdadeiros, os autênticos, os únicos válidos. Para isto é necessário promover processos sistemáticos de interação com os "outros", sem caricaturas, nem estereótipos. Trata-se também de favorecer que nos situemos como "outros", os diferentes, sendo capazes de analisar nossos sentimentos e impressões. É a partir daí, conquistando um verdadeiro reconhecimento mútuo, que seremos capazes de construir algo juntos/as. Nesta perspectiva, é necessário ultrapassar uma visão romântica do diálogo intercultural e enfrentar os conflitos e desafios que supõe. Situações de discriminação e preconceito estão com frequência presentes no cotidiano escolar e muitas vezes são ignoradas, encaradas como brincadeiras. É importante não negá-las, e sem reconhecê-las e trabalhá-las, tanto no diálogo interpessoal como em momentos de reflexão coletiva, a partir das situações concretas que se manifestem no cotidiano escolar.

Conceber a prática pedagógica como um processo de negociação cultural

Um quarto aspecto que considero de especial relevância refere-se ao modo de conceber a prática pedagógica. Através da história, muitos têm sido os olhares, os pontos de vista, as perspectivas adotadas para situar-nos diante de nossas práticas educativas cotidianas. Proponho que assumamos as lentes as quais permitam encará-las como processos de *negociação cultural*. Este olhar tem inúmeras implicações. Explicitaremos algumas delas:

Evidenciar a ancoragem histórico-social dos conteúdos

Outro elemento fundamental neste processo relaciona-se com a concepção de conhecimento com que operamos na escola. Em geral, implícita no desenvolvimento de nossos currículos está uma visão do conhecimento a-histórica, a qual concebe o conhecimento escolarizado como um acúmulo de fatos e conceitos que, uma vez constituídos, estabilizam-se, adquirem legitimidade social e se transformam em verdades inquestionáveis. Esta constitui uma realidade que não costuma ser questionada. Em geral, parte-se do seguinte pressuposto: para ensinar é necessário ter certezas e uma maneira de construir o conhecimento escolar que nos permita fazer afirmações absolutas e universais, que nos deem segurança e também favoreçam a aquisição por parte dos alunos e alunas de referenciais seguros, balizas firmes, onde as fronteiras entre as verdades e os erros possam ser claramente estabelecidas.

A escola como instituição está construída tendo por base a afirmação de conhecimentos considerados universais, uma universalidade muitas vezes formal que, se aprofundarmos um pouco, termina por estar assentada na cultura ocidental e europeia, considerada como portadora da universalidade.

No entanto, as questões multiculturais questionam este universalismo que informa o nosso modo de lidar com o conhecimento escolar e o conhecimento de modo geral. A questão colocada hoje supõe perguntarmo-nos e discutirmos que universalidade é essa, mas, ao mesmo tempo, não cairmos num relativismo absoluto, reduzindo a questão dos conhecimentos veiculados pela educação formal a um determinado universo cultural, o que nos levaria inclusive a negar a própria possibilidade de construirmos algo juntos, negociado entre os diferentes. Exige desvelar o caráter histórico e construído dos conhecimentos escolares e sua íntima relação com os contextos sociais em que são produzidos. Obriga-nos a repensar nossas escolhas, nossos modos de construir o currículo escolar e nossas categorias de análise da produção dos nossos alunos/as.

Ter presente a ancoragem histórico-social dos chamados conhecimentos curriculares é fundamental. Supõe analisar suas raízes históricas e o desenvolvimento que foram sofrendo, sempre em íntima relação com os contextos nos quais este processo se vai dando e os mecanismos de poder nele presentes.

Trata-se de uma dinâmica fundamental para que sejamos capazes de desenvolver currículos que incorporem referentes de diferentes universos culturais, coerentes com a perspectiva intercultural. Nesta perspectiva, trabalhar o *cruzamento de culturas* presentes na escola constitui também uma exigência que lhe está intimamente associada.

Conceber a escola como espaço de crítica e produção cultural

Nesta perspectiva, a escola é concebida como um centro cultural em que diferentes linguagens e expressões culturais estão presentes e são produzidas. Não se trata simplesmente de introduzir na escola as novas tecnologias de informação e comunicação e sim de dialogar com os processos de mudança cultural, presentes em toda a população, tendo no entanto maior incidência entre os jovens e as crianças, configurando suas identidades. Para Sarlo (2004: 120-121):

> Se afirma que a escola não se preparou para a chegada da cultura audiovisual. Nem os programas, nem as burocracias educativas se modificaram com uma velocidade comparável com as transformações ocorridas nos últimos trinta anos. Tudo isto é verdade. A questão não passa somente pelas condições materiais de equipamento, que as escolas mais ricas, de caráter privado, podem encarar e, em muitos casos, realizam plenamente. Comprar uma televisão, um vídeocassete e um computador, no entanto, pode ser um grande obstáculo para as escolas mais pobres (que são milhares) em qualquer país latino-americano. Suponhamos, de qualquer modo, que a Sony e a IBM decidis-

sem praticar a filantropia numa escala gigantesca. Apesar de tudo, o problema que gostaria de colocar continuaria presente, porque, exatamente, não se trata somente de uma questão de equipamento técnico e sim de mutação cultural.

Os educadores e educadoras estão chamados a enfrentar as questões colocadas por esta mutação cultural, o que supõe não somente promover a análise das diferentes linguagens e produtos culturais, como também favorecer experiências de produção cultural e de ampliação do horizonte cultural dos alunos e alunas, aproveitando os recursos disponíveis na comunidade escolar e na sociedade.

As relações entre cotidiano escolar e cultura(s) ainda constituem uma perspectiva somente anunciada em alguns cursos de formação inicial e/ou continuada de educadores/as e pouco trabalhada nas nossas escolas. No entanto, considero que esta perspectiva é fundamental se quisermos contribuir para que a escola seja reinventada e se afirme como um *locus* privilegiado de formação de novas identidades e mentalidades capazes de construir respostas, sempre com caráter histórico e provisório, para as grandes questões que enfrentamos hoje, tanto no plano local quanto nacional e internacional.

Referências bibliográficas

CANDAU, V.M. (2005). *Reinventar a escola*. 4. ed. Petrópolis: Vozes.

FORQUIN, J.C. (2000). "O currículo: entre o relativismo e o universalismo". *Educação e Sociedade*, vol. 21, n. 73.

_____ (1993). *Escola e cultura*. Porto Alegre: Artes Médicas.

HALL, S. (1997). *A identidade cultural na Pós-modernidade*. Rio de Janeiro: DP&A.

GIMENO SACRISTÁN, J. (2001). Políticas de la diversidad para una educación democrática igualadora. In: SIPÁN COMPAÑE, A. (org.). *Educar para la diversidad en el siglo XXI*. Zaragoza (Espanha): Mira.

McLAREN, P. (1997). *Multiculturalismo crítico*. São Paulo: Cortez.

MOREIRA, A.F. & CANDAU, V.M. (2003). "Educação escolar e culturas: construindo caminhos". *Revista Brasileira de Educação*, n. 23, mai.-ago.

Parâmetros Curriculares Nacionais. Brasília: Ministério de Educação e do Desporto, 1997.

PEREZ GÓMEZ, A.I. (2001). *A cultura escolar na sociedade neoliberal*. Porto Alegre: Artes Médicas.

_____ (1994). "La cultura escolar en la sociedad postmoderna". *Cuadernos de Pedagogía*, n. 225.

SARLO, B. (2004). *Escenas de la vida posmoderna*. Buenos Aires: Seix Barral.

SEN, A. (2006). "O racha do multiculturalismo". *Folha de S. Paulo*, Caderno Mais, 17/09.

SKLIAR, C. & DUSCHATZKY, S. (2001). O nome dos outros – Narrando a alteridade na cultura e na educação. In: LARROSA, J. & SKLIAR, C. *Habitantes de Babel*. Belo Horizonte: Autêntica.

STOER, S.R. & CORTESÃO, L. (1999). *"Levantando a pedra"* – Da pedagogia inter/multicultural às políticas educativas numa época de transnacionalização. Porto: Afrontamento.

TAYLOR, C. (2001). "A distorção objetiva das culturas". *Folha de S. Paulo*, Caderno Mais, 11/08.

VEIGA-NETO, A. (2003). Pensar a escola como uma instituição que pelo menos garanta a manutenção das conquistas fundamentais da Modernidade. In: COSTA, M.V. (org.). *A escola tem futuro?* Rio de Janeiro: DP&A.

WALSH, C. (2001). *La educación intercultural en la educación*. Peru: Ministerio de Educación [Documento de trabalho].

WALSH, C. (org..) (2005). *Pensamiento crítico y matriz (de)colonial*: reflexiones latinoamericanas. Quito: Universidad Andina Simon Bolivar/Abya-Yala.

2
Reflexões sobre currículo e identidade: implicações para a prática pedagógica*

Antonio Flavio Barbosa Moreira
UCP/Uerj**

Michelle Januário Câmara
UCP/Rede Municipal de Duque de Caxias***

A necessidade de reflexões sobre a identidade nos dias de hoje

A temática da identidade constitui, contemporaneamente, relevante objeto de estudo para a teoria social e para as teorizações sobre educação. Apresenta, ainda, acentuada importância política.

Na teoria social, parece ser consensual a pertinência de refletir sobre quem somos nós, de examinar como nos temos transformado, bem como de nos situarmos em relação aos grupos dos quais desejamos nos aproximar, para nos sentirmos pertencendo, percebermo-nos apoiados e realizados afetivamente. A discussão teórica da identidade justifica-se, então, por iluminar a interação entre a experiência subjetiva do

---

* O presente capítulo constitui versão atualizada e ampliada de texto não publicado, elaborado por Antonio Flavio Barbosa Moreira, em discussão com professoras da equipe da Secretaria Municipal de Educação do Rio de Janeiro, em 2004. O capítulo deriva, ainda, de pesquisa financiada pelo CNPq.

** Doutor em Educação pela Universidade de Londres.

*** Mestre em Educação pela Universidade Católica de Petrópolis.

mundo e os cenários históricos e culturais em que a identidade é formada (GILROY, 1997).

O foco na identidade, no âmbito da educação, revela-se indispensável. Qualquer teoria pedagógica precisa examinar de que modo espera alterar a identidade do/a estudante. O fim do ensino é que o/a aluno/a aprenda a atribuir significados e a agir, socialmente, de modo autônomo. Essa perspectiva exige a aprendizagem de saberes e habilidades, a adoção de valores, bem como o desenvolvimento da identidade pessoal e da consciência de si como um indivíduo que, inevitável e continuamente, deverá julgar e agir. Essa consciência é indispensável para a atividade racional que todos efetuamos e para a livre opção em situações difíceis, nas quais muitas vezes precisamos saber "dizer não" (MIEDEMA & WARDEKKER, 1999).

Em termos políticos, a ênfase na identidade deriva do reconhecimento de que certos grupos sociais têm, há muito, sido alvo de inaceitáveis discriminações. Entre eles, incluem-se os negros, as mulheres e os homossexuais. Tais grupos se têm rebelado contra a situação de opressão que os têm vitimado e, por meio de árduas lutas, têm conquistado espaços e afirmado seus direitos à cidadania. Com muita tenacidade, têm contribuído para que se compreenda que as diferenças que os apartam dos "superiores", "normais", "inteligentes", "capazes", "fortes" ou "poderosos" são, na verdade, construções sociais e culturais que buscam legitimar e preservar privilégios. Além da afirmação de suas identidades, tais grupos sociais têm procurado desafiar a posição privilegiada das identidades hegemônicas. Nesse cenário, desenvolve-se uma política da identidade, com as antigas formas de ancoragem da identidade em evidente crise.

Ainda em termos políticos, cabe ressaltar a preocupação com as identidades nacionais. Em um mundo mais globalizado, novas tecnologias e novos meios de comunicação se desenvolvem, fronteiras se redesenham, nacionalismos e xenofobias se reacendem, indivíduos transitam pelas diferentes partes do globo, identidades se reafirmam, identidades se contestam, novos padrões identitários emergem. Juntamente com o impacto do global, produz-se uma fascinação pelo local. A globalização gera, simultaneamente, novas identificações "globais" e novas identificações "locais". Trata-se, vale reiterar, de uma verdadeira crise de identidades.

Tendo em vista que há repercussões de toda essa crise nas escolas e salas de aula em que trabalhamos, faz-se necessário precisar nossa concepção de identidade, bem como analisar de que forma as velozes modificações, que ocorrem na economia, na cultura, na política, nas relações e nas práticas do cotidiano, abalam nossa vida em comunidade, nossa vida íntima e nossa vida profissional. Importa estarmos atentos para o modo como essas transformações desestabilizam nossas identidades e colocam em xeque muitas de nossas convicções, levando-nos a retificar pontos de vista e crenças que antes norteavam nossas condutas costumeiras.

Faz-se, assim, conveniente compreender como toda essa dinâmica nos atinge, bem como afeta quem são nossos/as alunos/as. Daí ser útil analisar, nesse conturbado panorama, que identidades ajudamos a formar com nossas aulas e atividades. Em quem se estão convertendo os/as alunos/as? De que modo os significados partilhados nas interações das salas de aula reforçam, desafiam ou desorganizam as identidades que estão construindo? Deveria/poderia ser diferente? Como?

O presente capítulo aborda tais questões, embora sem pretender esgotá-las. Focaliza concepções de identidade e diferença que possam orientar o tratamento da temática na escola. Sugere metas e estratégias passíveis de serem adotadas pelo/a professor/a em sua prática pedagógica. Apresenta pesquisa em que, durante aulas de leitura em uma escola pública, a professora discutiu, com base em textos selecionados, aspectos referentes a raça, gênero e sexualidade, componentes centrais na construção da identidade do/a estudante. Ao finalizar, chama a atenção para dificuldades envolvidas no esforço por lidar com diferentes aspectos identitários dos/as alunos/as na sala de aula, realçando, ao mesmo tempo, a possibilidade de se desenvolver algum grau de solidariedade entre os mesmos. Ao longo do texto, insiste-se na importância da inclusão de questões referentes à identidade e à diferença no currículo da escola fundamental.

Procurando entender identidade e diferença

Em que consiste, então, nossa identidade? Podemos dizer, por exemplo: "somos mulheres, somos homens, somos mães, somos pais". A identidade expressa, nesse caso, "aquilo que somos". Contudo, aprendemos o que somos em meio às relações que estabelecemos, tanto com os nossos "semelhantes" (*somos, todos nós, brasileiros*) quanto com os que diferem de nós (*somos meninos, por não sermos meninas*). Aprendemos também o que somos em meio aos significados atribuídos, pelos outros, "àquilo que somos" (*por sermos meninos, não devemos chorar na frente dos outros; por sermos meninas, podemos brincar com bonecas*). A identidade é, portanto, um processo de criação de sentido pelos grupos e pelos indivíduos (STOER & MAGALHÃES, 2005).

Desse modo, ao longo da vida, em meio às interações e identificações com diferentes pessoas e grupos com que convivemos ou travamos contato, construímos nossas identidades, que se formam mediante os elos (reais ou imaginários) estabelecidos com essas pessoas, grupos, personalidades famosas, personagens de obras literárias, personagens da mídia. Identificamo-nos, em maior ou menor grau, com familiares, amigos, colegas de trabalho, torcedores do time de futebol de nosso coração, pessoas que compartilham conosco elementos étnico-raciais, seguidores de nossa religião, pessoas de nossa geração, pessoas do mesmo sexo que nós, moradores de nossa cidade, assim como procuramos nos distinguir de pessoas diferentes de nós. Nossa identidade, portanto, vai sendo tecida, de modo complexo, em meio às relações estabelecidas, que variam conforme as situações em que nos colocamos.

Algumas das "partes" que conformam a identidade que vamos construindo nem sempre se articulam de modo harmônico. Pelo contrário, chegam mesmo a entrar em conflito, evidenciando o caráter contraditório de nossa identidade: não gravitamos em torno de um núcleo orgânico, constante e coerente. Por exemplo, pode haver oposições e dificuldades em nossos comportamentos em casa e em nossa prática docente: em alguns momentos nos percebemos mais tolerantes e carinhosos com nossos/as filhos/as do que com nossos/as alunos/as, com os quais nos mostramos, por vezes, mais intransigentes e mais ásperos/as.

Nossa identidade, assim, não é uma essência, não é um dado, não é fixa, não é estável, nem centrada, nem unificada, nem homogênea, nem definitiva. É instável, contraditória, fragmentada, inconsistente, inacabada. É uma construção, um efeito, um processo de produção, uma relação, um ato performativo (SILVA, 2000).

Para esclarecer o último aspecto citado – a identidade como ato performativo – devemos assinalar que a identidade se cria também por certos atos de linguagem, particularmente por enunciados que "fazem com que alguma coisa aconteça". Expliquemos melhor, recorrendo, para isso, a J.L. Austin (apud SILVA, 2000), para quem há uma clara distinção entre enunciados *verificativos* e *performativos*. Os primeiros descrevem acontecimentos. Por exemplo: "fui ontem ao cinema"; "choveu muito na semana passada"; "Ronaldo casou-se com Carolina". Os segundos – os *performativos* – descrevem uma ação do emissor e, ao mesmo tempo, quando enunciados, fazem com que a ação se cumpra. Observemos o enunciado: "eu te prometo que não fumarei mais a partir de amanhã". Mesmo que a promessa não venha a ser cumprida, com a fala, com o enunciado emitido, *a promessa foi feita pela pessoa que falou.* Ao falar, ela fez o ato acontecer. O sentido do enunciado, assim, não se divisa independentemente da ação que faz realizar (DUCROT & TODOROV, 1973).

Outros exemplos de enunciados performativos podem ser dados. "Sua dissertação foi aprovada pela banca examinadora e você faz jus ao título de mestre em Educação". Ou seja, o presidente da banca, com sua fala, ao aprovar o candidato, transforma-o em mestre. Outro exemplo clássico é o enunciado do padre, após a confissão: "eu te absolvo de teus pecados". Com sua fala, o padre perdoa as nossas ofensas, livrando-nos de nossos erros, em nome de Deus.

De que modo os enunciados performativos interferem na identidade? Resumidamente: o que dizemos contribui para reforçar uma identidade que, em muitos casos, pensaríamos estar apenas descrevendo. A força de um ato linguístico no processo de produção de identidade vem de sua repetição, especialmente da possibilidade de sua repetição (SILVA, 2000). Tanto se tem dito que os assaltantes costumam ser negros (como se transgredir a lei fosse algo decorrente da cor da pele), que os motoristas negros tendem a ser parados pela polícia em uma *blitz*. Vejamos outro exemplo, familiar aos/às professores/as. Quando dizemos que "Renata é uma menina muito esperta", podemos estar favorecendo – em um sentido amplo – a produção de um "fato" que pensávamos estar simplesmente descrevendo. Podemos, por conseguinte, concorrer para a definição e para a preservação de aspectos identitários do/a estudante. Os elos entre identidade e o processo pedagógico configuram-se, por conseguinte, evidentes.

É importante ressaltar que a identidade se associa intimamente com a diferença: o que somos se define em relação ao que não somos. Dizer *somos cariocas* implica dizer *não somos pernambucanos*; dizer *somos adultos* implica dizer: *não somos crianças*. As afirmações sobre identidade, assim, envolvem afirmações, não explicitadas, sobre outras identidades diferentes da nossa. Ou seja, a identidade depende da diferença, a diferença depende da identidade. Identidade e diferença são inseparáveis (SILVA, 2000).

Convém, ainda, admitir que há *diferenças* e *diferenças*. Algumas são "mais diferentes que outras". Se dissermos: *sou diferente de Camila por usar óculos*, estaremos no plano de uma diferença de pouca relevância social. Não há maiores problemas em usarmos ou não óculos. Não se cria uma hierarquia entre nós. Porém, se dissermos: *sou diferente de Paulo porque sou branco e Paulo é negro*, já nos situamos no terreno de uma diferença bastante significativa, que tem sido, inclusive, objeto de preconceitos, discriminações e opressão.

Torna-se claro que as diferenças são construídas socialmente e que, subjacentes a elas, encontram-se relações de poder. O processo de produção da diferença é um processo social, não algo natural ou inevitável. Mas, se assim é, podemos desafiá-lo, contestá-lo, desestabilizá-lo. Podemos buscar tornar verdadeira a proposição de Sousa Santos (1997): as pessoas têm direito à igualdade sempre que a diferença as tornar inferiores, mas têm direito à diferença sempre que a igualdade ameaçar suas identidades. Será que em nossas escolas e em nossas salas de aula ainda caminhamos, com nossas práticas, na direção de anular aspectos das identidades dos/as estudantes? Será que os processos de homogeneização que muitas vezes promovemos, por meio do currículo, dos procedimentos didáticos, das relações pedagógicas e da avaliação, contribuem, de algum modo, para consolidar as relações de poder que atravessam as diferenças presentes no seio de nosso alunado?

Talvez seja bom explicitar melhor o que chamamos de diferença. Associamos diferença ao conjunto de princípios de seleção, inclusão e exclusão que norteiam a forma pela qual indivíduos marginalizados são situados e constituídos em teorias, políticas e práticas sociais dominantes (McCARTHY, 1998). Com base nessas diferenças, formam-se grupos distintos, "nós" e "eles", dos quais o primeiro usualmente corresponde ao hegemônico, ao "normal", ao "superior", ao socialmente aceito, ao exemplo a ser seguido. Já o grupo dos "eles" é integrado pelos excluídos – os "anormais", "inferiores", "estranhos", "impuros", que precisam ser mantidos à distância, em seus "devidos" lugares (BAUMAN, 1998).

Conscientes dessas perversas distinções, ainda presentes em nossos espaços sociais, cabe examinarmos, permanentemente, se e como, junto aos nossos alunos e às nossas alunas, existem "nós" e "eles", bem como quais têm sido nossas formas de reagir a essa realidade. Que princípios têm sido empregados para estabelecer as divisões? Que categorias têm justificado a demarcação de fronteiras entre tais grupos? Que efeitos essa separação têm provocado na aprendizagem e na socialização de nossos estudantes? Temos procurado, em nossas aulas, desafiar os limites entre os diferentes territórios e mostrado a arbitrariedade dessa diferenciação? Como organizar trabalhos coletivos em que processos discriminatórios sejam questionados?

Reconhecendo as diferenças no interior dos grupos

Nos diferentes grupos há muitas distinções entre seus membros. No das mulheres, por exemplo, encontram-se brancas, negras, casadas, solteiras, divorciadas, mães, moradoras de diferentes cidades, apreciadoras de variadas manifestações culturais, jovens, idosas. Enfim, há uma gama de aspectos identitários que as distinguem, assim como há pontos que as unem e que permitem estabelecer elos e partilhar valores e propósitos comuns.

Que implicações essas constatações têm para as práticas docentes? Assim como verificamos o que nos aproxima e o que nos afasta como professores/as, precisamos reconhecer o que aproxima e afasta, por exemplo, as crianças negras entre si. Devemos ter cuidado ao usar a expressão *criança negra*. A quem nos referimos? Às meninas? Aos meninos? A uma criança das camadas populares? A uma criança da classe média? A uma criança católica? A uma criança evangélica? Notemos que a expressão *criança negra* não dá conta da diversidade que marca os/as alunos/as negros/as de nossas salas de aula.

O "arco-íris de culturas" em nossas escolas faz com que o trabalho docente seja mais complexo, mais difícil mesmo. Demanda considerar como se faz viável despertar o interesse de alunos/as tão diferentes, atender às especificidades de distintos grupos, problematizar relações de poder que justificam situações de opressão, assim como facilitar a aprendizagem de todos/as os/as estudantes. Ao mesmo tempo, a multiplicidade de manifestações culturais e de identidades torna a sala de aula rica, plural, estimulante, desafiante (STOER & CORTESÃO, 1999).

Toda essa riqueza pode e deve ser um aspecto que nos instigue a melhor promover nossas atividades. Para isso, podemos contar com inúmeras contribuições e expressões que tornam mais fáceis os exemplos, as comparações, a crítica. Podemos sensibilizar nosso/a aluno/a para o caráter multicultural de nossa sociedade, para a urgência do respeito ao outro, para a percepção e para o questionamento dos fatores que têm provocado e justificado preconceitos e discriminações.

Nesse esforço, certos princípios podem ser úteis para o planejamento e o desenvolvimento de nossas práticas. Passemos a eles.

Lidando com as identidades e as diferenças na sala de aula

Para enfocar questões de identidade e diferença na sala de aula, precisamos definir determinadas metas e estratégias. Intimamente conectadas, são comentadas separadamente apenas para facilitar o entendimento e para favorecer o desenvolvimento de nossas ações na escola.

a) Procurar aumentar a consciência das situações de opressão que se expressam em diferentes espaços sociais

É importante que nosso/a estudante perceba com clareza a existência de preconceitos e discriminações e verifique como podem estar afetando suas experiências pessoais, assim como a formação de sua identidade. É também importante que o/a aluno/a compreenda as relações de poder entre grupos dominantes e subalternizados (homens/mulheres; brancos/negros), que têm contribuído para preservar situações de privilégio (para os dominantes) e de opressão (para os subalternizados).

Exemplos dados pelos/as próprios/as estudantes ilustrarão situações em que essas relações se fazem presentes. A esses exemplos, o/a professor/a acrescentará inúmeros outros, tanto com base em sua própria experiência, quanto com base em situações de sala de aula e em situações que se passam fora do âmbito escolar (amplamente noticiadas na mídia). Para o objetivo em pauta, o recurso a contos, filmes, desenhos animados, novelas, músicas e anúncios será, também, bastante útil. Poderemos ajudar nosso/a aluno/a a identificar, em muitos desses artefatos culturais, vestígios de preconceitos referentes a classe social, gênero, sexualidade, raça, etnia, etc.

Por fim, é crucial que o/a aluno/a observe como em sua identidade se misturam aspectos que podem ser alvos de discriminação e opressão, assim como aspectos associados a grupos que têm dominado e explorado outros. Por exemplo, um menino branco pode apresentar uma deficiência física, reunindo assim elementos de dominância (o fato de ser branco e de ser homem) e de subordinação (o fato de ter impedimento para algumas atividades). O/a aluno/a poderá, então, captar a complexidade envolvida na multiplicidade de aspectos que conformam sua identidade.

b) Propiciar ao/à estudante a aquisição de informações referentes a distintos tipos de discriminações e preconceitos

Cabe ao/à docente ir conectando as situações mais pessoais e familiares, que examinar, com informações mais abstratas e com conceitos da história, da sociologia, da filosofia e de outros campos do conhecimento. Essas informações podem ser obtidas de múltiplas fontes, tais como narrativas autobiográficas, documentos históricos, dados estatísticos e demográficos. Podem ser socializadas por meio de pesquisas, leituras, discussões, seminários elaborados pelos/as estudantes, palestras feitas por convidados, assim como de experiências dos/as próprios/as alunos/as. Essas fontes são utilizadas para delinear contextos históricos contemporâneos; para superar visões estereotipadas e preconceituosas; assim como para trazer à tona histórias não contadas e vozes silenciadas.

A intenção, neste momento, é ir além da consciência das situações. Espera-se que o/a estudante perceba a *gravidade* dessas situações, bem como se fundamente para analisar os fatores que, na sociedade, as têm produzido e reforçado. Cabe, então, concorrer para a aquisição de *conceitos* mais precisos, mais gerais e mais abstratos, indispensáveis para a compreensão dos processos que impedem que tantos indivíduos tirem proveito dos bens materiais e simbólicos disponíveis na sociedade.

c) Estimular o desenvolvimento de uma imagem positiva dos grupos subalternizados

Não seria interessante que os/as alunos/as de outras regiões pudessem, por meio da literatura, da música, das artes plásticas e do cinema, conhecer um pouco mais o Nordeste e os nordestinos? O contato com a literatura de cordel, por exemplo, favoreceria a apreciação e a valorização da criatividade de um povo discriminado em centros urbanos do Sudeste e do Sul. Facilitaria a percepção de como essa expressiva literatura, de cunho popular, tem sido fonte na qual têm bebido inúmeros de nossos escritores, poetas, cineastas e teatrólogos consagrados. Para os próprios nordestinos, estaríamos propiciando a consolidação de uma autoimagem positiva.

Não seria pertinente incentivar nossos/as alunos/as a realizarem um estudo sobre as mulheres brasileiras que se têm destacado em diferentes setores do panorama nacional? (literatura, música, pintura, política, ciência, etc.). Poderíamos, ainda, organizar discussões sobre o movimento feminista, trazendo à escola uma líder de um dos grupos, que abordasse ganhos, dificuldades e retrocessos na luta das mulheres. Seria oportuno que docentes de diferentes disciplinas se congregassem para o sucesso de uma iniciativa como essa, voltada para a promoção do respeito pela mulher.

O foco poderia ser ampliado e dirigido para as realizações e as conquistas de outros movimentos, como o dos negros e o dos homossexuais, bem como para os sindicatos. Em todos esses casos, estaríamos procurando incentivar em nossos/as alunos/as novos conhecimentos, novas posturas, novas representações, novas identificações, novos engajamentos.

d) Favorecer a compreensão do significado e da construção de conceitos que têm sido empregados para dividir e discriminar indivíduos e grupos, em diferentes momentos históricos e em diferentes sociedades

Podemos servir-nos de alguns conceitos para o alcance desse objetivo. Destacamos, entre eles, cultura, raça, etnia, gênero, sexualidade, deficiência, classe social. Outros conceitos, como papel social, identidade social, poder, preconceito, opressão, estereótipos, internalização (de subordinação ou de dominação) e política de identidade, também são úteis para aprofundar nossa análise.

Como acentuamos anteriormente, uma importante estratégia para questionarmos as categorias e os conceitos que nos têm apartado, que nos têm diferençado em "nós" e "eles", é, em cada disciplina, explicitar para nosso/a estudante como essas categorias e conceitos são construções históricas, aceitas como naturais e utilizadas para justificar situações de injustiça social e opressão (WILLINSKY, 1998). Levando o/a aluno/a a perceber como essas construções têm ocorrido ao longo dos tempos, facilitamos-lhe lidar com os aspectos de sua identidade que têm sido alvo de agressões. Contribuímos para evitar que ele/ela se atribua, assim como aos que lhe são semelhantes (todos os indivíduos negros, por exemplo), a responsabilidade pela posição inferior em que foram situados na estrutura social.

Favorecemos também a compreensão de que o uso e a disseminação dessas categorias e desses conceitos, na medida em que justificam preconceitos e discriminações, perpetuam privilégios e relações de poder que garantem tais privilégios. Nosso/a estudante pode vislumbrar, então, como essas categorias e esses conceitos, ao serem usados e repetidos, sustentam o caráter (negativo ou positivo) atribuído a determinados grupos identitários. Pode melhor entender como os múltiplos e interconectados aspectos de sua identidade social, quer sejam agentes, quer sejam alvos de discriminações, levam a comportamentos altamente contraditórios. Talvez note que, embora maltratado por ser negro, é capaz de atuar de forma machista, desconsiderar os direitos das meninas e provocar a mesma dor que sente ao ser desrespeitado. As conexões entre classe social, raça, gênero e outras dinâmicas sociais devem, nesse momento, ser objeto de ampla discussão na sala de aula.

Em todas essas oportunidades, cabe ao/à docente mostrar ao/à estudante que essas situações, se foram criadas por indivíduos historicamente situados, podem ser transformadas. Como disse Sousa Santos (2000: 23), "a existência não esgota as possibilidades da existência e [...] há alternativas susceptíveis de superar o que é criticável no que existe. O desconforto, o inconformismo ou a indignação perante o que existe suscita impulso para teorizar a sua superação".

Com nosso/a estudante conscientizado/a das situações de opressão que mancham a sociedade, informado/a da seriedade dessas situações, provido/a de referencial teórico para entender e desafiar as relações de poder que as perpassam, ciente de que há alternativas, cabe ajudá-lo/la a examinar como, nos diferentes meios de comunicação, sua identidade é construída pelas mensagens transmitidas nos anúncios, nas telenovelas, nos desenhos animados, nos filmes, nos programas humorísticos e em outros tipos de programas.

e) Facilitar ao/à estudante a compreensão e a crítica dos aspectos das identidades sociais estimulados pelos diferentes meios de comunicação

Podemos aprofundar, para o/a aluno/a, a compreensão de como se tem incentivado a formação de determinados tipos de identidades. Por meio de diferentes estratégias, em cada disciplina, podemos apresentar exemplos e verificar como, nos diferentes meios de comunicação, evidenciam-se apelos para que configuremos nossa identidade conforme critérios preestabelecidos. Para a criança branca, de classe média, os padrões apresentam-se de dado modo. Para a criança negra, das camadas populares, os modelos e as possibilidades de escolha são bastante distintos. Para ambos, o consumismo, o individualismo, o conformismo, a eficiência, diferentemente entendidos e vividos, afiguram-se os valores identitários supremos. Encontramos, em inúmeros textos que hoje analisam os "currículos" da mídia, do shopping center, do McDonald's, da Barbie, da propaganda, dos super-heróis, etc., fontes inspiradoras para nossas análises e interpretações.

É importante, então, perguntar: temos aceitado trabalhar com nossos/as alunos/as em conformidade com as normas hegemônicas ou as temos rejeitado, buscando formar identidades críticas, rebeldes, solidárias, não conformistas, criativas, autônomas? Se não temos agido dessa forma, como, em nossa disciplina, poderíamos fazê-lo? Que recursos precisaríamos empregar? Que atividades poderíamos planejar? Como a comunidade em que a escola se insere poderia nos ajudar em nossas iniciativas? Como tornar a escola um espaço de trabalho coletivo em que se garanta espaço para as diferenças?

f) Propiciar ao aluno a possibilidade de novos posicionamentos e novas atitudes que venham a caracterizar propostas de ação e intervenção

Ainda que sem garantias, esperamos que todas as discussões travadas desenvolvam sensibilidade e forneçam informações suficientes para que o/a aluno/a venha a se posicionar, em seu cotidiano, contra preconceitos e discriminações. No momento em que o/a aluno/a é capaz de aplicar os conhecimentos constituídos na sala de aula para situações de seu dia a dia, talvez possa sentir-se pronto para desenvolver estratégias de ação e práticas de intervenção.

Sem que se espere que uma criança ou um adolescente vá se envolver em situações de luta ou de mudança social, fora de seu alcance, pode-se esperar que ele/ela seja capaz de modificar sua conduta em relação aos indivíduos e aos grupos que têm sido alvos de preconceitos e pensar em alternativas às situações que têm reforçado e preservado tantos privilégios. Pode-se, na sala de aula, propor a elaboração de planos e sugestões que possam minorar situações de desconforto e de carência que incrementem identidades submissas ou marginalizadas.

O alcance dos objetivos propostos pode ser facilitado se adotarmos uma atitude flexível em relação às metas e às atividades desenvolvidas, se prestarmos atenção aos processos que se desenrolam nessas atividades (Qual a dinâmica vivida em nosso grupo? Quem fala e quem silencia? Como está sendo o clima da sala de aula? Os/as estudantes parecem sentir-se seguros/as na sala de aula? Como têm sido seus comportamentos? Quais têm sido as reações às experiências pedagógicas? Estamos permitindo que os alunos expressem seus pontos de vista, suas emoções, suas perspectivas, bem como os aspectos contraditórios de suas identidades? Estamos enfocando mais uma forma de opressão em detrimento das demais? Como? Estamos trazendo mais informações sobre um determinado tipo de opressão, secundarizando os demais? Como os alunos têm reagido?).

Todas essas reflexões nos mobilizam para procedimentos em que chamemos a atenção de nossos/as estudantes para a importância de unirmos nossas lutas em prol do esforço comum de construir uma sociedade mais justa e menos repressiva. Ou seja, precisamos articular os diferentes grupos em torno de uma utopia, indispensável a todo e qualquer projeto educativo. Como promovê-la é o tema de nosso próximo item.

g) Articular as diferenças

Abordar as diferenças não pode contribuir para isolar grupos, para criar guetos, para aumentar, na sociedade, a fragmentação que se pretende neutralizar. Separações não promovem igualdade, mas sim *apartheids*. "A igualdade só existe quando há possibilidade de se compararem as coisas". (SOUSA SANTOS, 2001: 22). Como evitar, então, um novo *apartheid*, como evitar a separação das diferenças, como evitar o esfacelamento de projetos comuns? Focalizamos inicialmente procedimentos a serem desenvolvidos na sala de aula, entre os grupos que a compõem, e, a seguir, procedimentos que podem ser experimentados com alunos de diferentes escolas, cidades ou mesmo países.

Tem sido frequente a sugestão, na escola, de se favorecer um *diálogo* que permita a superação das divergências que costumam impedir a aproximação entre os diferentes. Nessa perspectiva, trata-se de promover trocas, estratégias de diálogo, em que os diversos grupos possam participar como produtores de cultura e sair com seus horizontes culturais ampliados. "O diálogo das diferenças se impõe, apesar das dificuldades envolvidas em sua concretização no cotidiano das experiências educacionais" (CANEN & MOREIRA, 2001: 39).

Há, de fato, entraves envolvidos nessa tentativa, que precisam ser reconhecidos e enfrentados. A sala de aula nem sempre é, para todos os alunos, um lugar seguro. Nem sempre é fácil eliminar as barreiras entre as diferenças. Os esforços nessa direção precisam ir além do mero "pluralismo" ou do convite para que todos participem no diálogo. Não é suficiente criar condições para que a sala de aula se transforme em um espaço em que todos se sintam à vontade para falar. As coisas não se passam de modo tão simples. As relações de poder existentes na sociedade e na sala de aula impedem que muitos falem livremente (BURBULES & RICE, 1993). Para neutralizar os problemas, algumas perguntas talvez sejam úteis, inspirando novas formas de proceder: quem se sente incapaz de falar sem receber retribuições? Como estimular, nesse caso, a fala? Quem quer falar, mas está desestimulado ou amedrontado? Quem ameaça quem? Como garantir, nesse caso, respeito e aceitação por parte dos demais colegas e grupos? Que regras de comunicação podem facilitar, dificultar ou evitar a participação de certos estudantes ou grupos de estudantes no diálogo? Como desenvolvê-las ou alterá-las? Qual tem sido minha participação, como docente, nesse processo? Tenho estimulado e favorecido a livre expressão de todos ou tenho agido de modo a inibir alguns estudantes ou grupos?

Em experiência desenvolvida em Santa Catarina, promoveu-se o intercâmbio entre crianças moradoras de favelas de Florianópolis e crianças estudantes de sete escolas elementares na Itália. Tratou-se de processo de cooperação e solidariedade entre movimentos populares do norte e do sul do mundo, em que a meta de não explorar o outro inverteu a lógica da conquista e do assistencialismo que tem caracterizado as relações entre países do Primeiro e do Terceiro Mundos. Cooperar significou, no caso em pauta, "a articulação criativa entre sujeitos diferentes e autônomos" (FLEU-RI, 1998: 49).

A tensão da relação entre o norte e o sul do mundo dificultou, inicialmente, a realização do intercâmbio intercultural. Veio à tona a imagem colonialista dos europeus (como colonizadores/expropriadores), em contraposição ao modo como os brasileiros se viam (como colonizados/expropriados). Chegou-se a colocar em dúvida os benefícios de uma relação intercultural de crianças e educadores/as brasileiros/as com crianças e educadores/as italianos/as (SOUZA & FLEURI, 2003).

A complexidade das relações entre norte e sul foi delineada com mais precisão quando se tomou ciência de que os italianos que vieram para o Brasil foram, dominantemente, pobres, com ideias anarquistas. Foi possível neutralizar a visão dicotômica colonizador/colonizado. O confronto com a diferença cultural ocorreu, criando um deslocamento de sentido, que possibilitou aos brasileiros sair da visão de explorados, adotar uma imagem positiva de sujeitos e estabelecer relações mais paritárias com os europeus. Brasileiros e italianos passaram a se ver como sujeitos híbridos (dominadores e dominados), num espaço intermediário o que possibilitou superar a oposição binária inicial, marcante na forma como cada um enxergava o outro.

Em experiências como essa, grupos distintos entram em contato, na mesma sala de aula ou mesmo em cidades e até países diferentes, estabelecem relações cooperativas, trocam experiências e se enriquecem mutuamente, na formulação e/ou na luta em torno de um projeto comum. Vale acreditar que, de modo obstinado e criativo, conseguimos superar algumas das dificuldades que assomam quando se busca promover o diálogo na sala de aula. Pesquisa desenvolvida em aulas de leitura reitera esse ponto de vista e evidencia como o diálogo pode ser frutífero e induzir ao combate às identidades hegemônicas.

Apresentando e fundamentando uma pesquisa realizada em aulas de leitura em uma escola pública

Câmara (2005) realizou uma pesquisa de campo, no segundo semestre de 2004, em uma turma de 4ª série do Ensino Fundamental, de uma escola pública, situada no município de Duque de Caxias, Rio de Janeiro. A preocupação central, que norteou as ações e os estudos, foi *compreender em que medida as aulas de sala de leitura poderiam contribuir para a (re)construção das visões de raça, gênero e sexualidade dos alunos.*

A turma foi escolhida por reunir os alunos de maior faixa etária na escola. Essa característica facilitou a discussão das temáticas tratadas. Parte dos alunos apresentava distorção série-idade, de modo que, no grupo, as idades variavam de 9 a 13 anos. Ao contrário do que geralmente ocorre nas escolas públicas brasileiras, a turma era pequena, formada por apenas 23 alunos, 10 meninas e 13 meninos. A instituição escolar funciona em três turnos e atende a um total de 21 turmas.

Foram realizados ao todo 12 encontros, com duração de aproximadamente 60 minutos cada. A primeira aula consistiu em uma introdução à temática da pluralidade cultural, na qual se fez com os alunos um breve exercício para enxergar o "arco-íris de diferenças" em nossa sociedade. Nos encontros seguintes, o foco foi a "raça negra", seguindo-se as questões de "gênero" e "sexualidade". O desenvolvimento das aulas foi ajudado por uma professora colaboradora, Ana[1], dinamizadora de leitura na época.

Tendo em vista que a concepção de identidade, adotada no estudo, foi a mesma já apresentada neste texto, cabe tecer

---

1. A fim de manter preservada a identidade da professora colaboradora, optamos por um nome fictício. Pelo mesmo motivo, os nomes dos alunos foram modificados.

apenas considerações a respeito de *discurso* e *letramento*, categorias centrais à investigação realizada.

As identidades são construídas cotidianamente, por meio das práticas e dos discursos em que os sujeitos estão envolvidos. Nesse sentido não há identidade fora do meio social. Segundo Fairclough (2001), "o discurso é uma prática, não apenas de representação do mundo, mas de significação do mundo, constituindo e construindo o mundo em significado" (p. 91). Por meio do discurso, os sujeitos agem no mundo, posicionam-se e são posicionados e, nesse processo, formam as visões que têm acerca dos objetos, dos acontecimentos, de si mesmos e dos outros sujeitos.

Os significados, construídos na interação com o outro, pelo discurso, interferem no modo como cada um age, pensa e é. Aquilo que os sujeitos dizem aos outros e aquilo que lhes dizem têm papel central em sua formação. Como afirma Moita Lopes (2002), um traço da natureza social do discurso é "o fato de que ao mesmo tempo em que levamos em consideração a alteridade quando nos engajamos no discurso, também podemos alterar o outro e o outro pode nos modificar" (p. 94). Daí ser possível afirmar que as identidades são socioconstruídas por meio de práticas discursivas.

Entre as inúmeras práticas discursivas com as quais entramos em contato, destacam-se as práticas de letramento, de leitura e discussão de textos. Compreendido em sua dimensão social (SOARES, 2004), o letramento deve ser visto como um conjunto de práticas discursivas que se realizam por meio do diálogo entre autor-leitor e entre diferentes leitores, como uma das principais atividades nas quais os sujeitos constroem os outros e se constroem no espaço escolar.

"As salas de aula, especificamente as práticas de letramento escolar que aí se desenvolvem, constituem-se em espaços singulares para que tais significados possam ser negociados, contestados e (re)construídos pelos(as) alunos(as) em suas práticas discursivas [...]" (DUTRA, 2003: 136). Em outras palavras, as atividades de leitura e discussão de textos levam as pessoas a negociarem significados acerca do mundo social, o que pode contribuir tanto para a reprodução quanto para o questionamento de seus valores e preconceitos. Nesse processo, o modo como os sujeitos se posicionam e são posicionados nos discursos, isto é, as posições que assumem durante a interação, tem um papel fundamental para a (re)construção de suas identidades.

Por meio da análise das transcrições das aulas, e com auxílio de um diário de campo e de entrevistas com a professora colaboradora, buscou-se entender os significados que os alunos estavam construindo acerca das identidades sociais, em práticas sociais de letramento.

Analisando os dados das aulas de leitura

Nas aulas em que questões de raça foram abordadas foi possível notar que diferentes visões de negro pareciam estar sendo construídas nas práticas discursivas. Por um lado, alguns alunos representavam os negros como sujeitos marginalizados e discriminados ao longo da história, como se observa no depoimento de Sabrina: *A minha tia é negra, aí o ex-marido dela é branco, aí eles se casaram e tiveram uma filha. Aí quando ela estava na rua com a filha dela, que é branca, ela é negra, aí falaram assim: ai que criança linda, você é babá dela?* Segundo a aluna, isso se deve ao fato de não se acreditar que uma criança bonita e branca possa ser filha de um negro. Além disso, os negros ainda são vistos como empregados dos brancos, em uma perspectiva que tem origem nos tempos da escravidão.

Por outro lado, os negros ainda eram desqualificados por alguns alunos, particularmente no que se refere ao fato de não corresponderem aos padrões dominantes de beleza (branco ocidental). Um aluno, em especial, chegou a ofender uma colega da turma numa discussão, pouco antes de a aula começar, chamando-a de "cabelo de *Assolan*", "cabelo de macarrão" e "perninha de grilo", expressões que estão presentes em um *funk*. A intenção do aluno era a de atacar e irritar a colega, o que conseguiu. Afinal, trata-se de apelidos em que o cabelo dos negros é apresentado como um símbolo de inferioridade, associado à artificialidade: "Cabelo de *Assolan*" ou "Cabelo de macarrão" (GOMES, 2002). São apelidos que expressam a rejeição aos corpos dos negros, simbolicamente tornados inferiores.

Desapontada com a atitude do aluno, a pesquisadora procurou fazer com que percebesse que, além de ele estar sendo agressivo e preconceituoso, estava se auto-ofendendo, por ser também negro. Mas, a negritude, na medida em que parecia ter sido incorporada como algo ruim, não era facilmente aceita pelo aluno, já que, se assim o fizesse, também se assumiria como inferior. Daí a dificuldade em se considerar negro.

Mas, é importante ter em mente que essas visões não estavam em total dissonância, ou seja, houve casos em que um aluno adotava a primeira visão em um momento, mas, em outro, recaía na segunda visão. Discursos contraditórios podiam ser (e eram) produzidos pelos mesmos alunos durante os debates. Afinal, é nesse processo conflituoso, no qual os sujeitos não sabem bem como se posicionar, que (re)pensam suas concepções e (re)constroem suas identidades. O conflito entre suas próprias crenças, muitas vezes divergentes, assim como entre as suas crenças e as de outros sujeitos, faz parte do processo de construção identitária. "O sujeito só constrói sua identidade na interação com o outro, numa relação dinâmica entre alteridade e identidade. A interação se localiza na relação social, que é, antes de tudo, linguagem" (CARDOSO, 1999: 53).

Nas aulas em que questões de gênero foram tratadas foi possível verificar que os alunos, em especial os meninos, expressavam suas crenças no modelo de masculinidade hegemônica. Notou-se, nos debates travados, que as características relacionadas por Connell (citado por Moita Lopes, 2002) à masculinidade hegemônica eram também exaltadas como relevantes para a afirmação das identidades masculinas. Assim, a *prática de esportes*, a *racionalidade* e o *trabalho* eram aceitos pelos meninos como pontos centrais na constituição de suas masculinidades: *a menina ia ficar em casa e eu ia ensinar a ela as coisas, lavar louça, essas coisas. Aí, o menino, eu ia ensinar ele a jogar bola, ia deixar ele um pouco brincando na rua, essas coisas assim* (Davi).

Em geral, os alunos associavam diretamente gênero e sexualidade. Aqueles que demonstravam maior sensibilidade, chorando, por exemplo, eram rotulados de "boiolas", "mulherzinhas". Segundo Butler (apud LOURO, 2003: 28), o motivo pelo qual homens *gays* são vistos como "femininos" e mulheres lésbicas como "masculinas" se deve "ao fato de a homofobia operar muitas vezes através da atribuição aos homossexuais de um gênero defeituoso, de um gênero falho". Tal visão, que trata gênero e sexualidade como aspectos quase idênticos, reflete o que nossa sociedade tem pensado e (re)produzido sobre as masculinidades e as feminilidades.

Ao longo do semestre, tais visões começaram a ser desestabilizadas. Os meninos, que inicialmente riam de um colega (Davi) por ajudar a mãe, passaram, por exemplo, a narrar suas próprias obrigações domésticas. A princípio, pareciam ter vergonha de afirmar que ajudavam as mães, como se tal comportamento pudesse afetar a masculinidade. Após a pesquisadora perguntar se não as ajudavam, e demonstrar satisfação com aqueles que o faziam, os alunos começaram a mudar seu posicionamento e a se colocarem como responsáveis por determinadas tarefas domésticas. De algum modo, os diálogos contribuíram para que os alunos adquirissem um olhar diferenciado em relação à necessidade da participação masculina no trabalho doméstico. Ao menos em parte, as mudanças percebidas nos discursos dos alunos sobre as identidades masculinas e femininas foram provocadas pelas discussões travadas em sala de aula.

Inclusive, ao assumirem um posicionamento mais crítico, defendendo a igualdade de direitos e deveres, as meninas colaboraram, junto com as professoras, para que os alunos percebessem que há outras formas de "ser homem", assim como de "ser mulher". Mesmo sendo difícil aceitar que homens choram e usam roupas cor-de-rosa e que mulheres trabalham fora, por exemplo, o fato é que os alunos compreenderam que a realidade é mais complexa do que à primeira vista pode parecer.

Nas aulas em que a temática da sexualidade foi discutida, observou-se que, em alguns momentos, os alunos pareciam vislumbrar esse aspecto identitário como uma construção. Como Gabriela disse a Lucas: *você vai ser homem e tem homem que descobre que é homossexual quando é idoso, sabia?* Mas, em outros, pareciam se aproximar de uma visão essencialista: *por causa que o garoto é gay ninguém tem que, é, estar brigando com o garoto. Ele tem que ser o que ele quer, ninguém tem que mandar nele porque ele é uma coisa e eles querem que ele seja outra. Ele tem que ser do jeito que ele nasceu* (Tauane).

Percebemos, ainda, que os meninos foram os que mais enunciaram discursos preconceituosos para com os homossexuais. É como se o ato de falar mal de *gays* contribuísse para reforçar a própria heterossexualidade. O discurso negativo sobre os *gays* era, assim, visto como positivo para construção da masculinidade de alguns alunos. Além disso, a homossexualidade feminina foi pouco comentada nas discussões, prevalecendo o foco no comportamento sexual dos homens. De fato, "historicamente, construiu-se, através de vários discursos (incluindo o da sexologia), uma articulação entre masculinidade e sexualidade; isto é, a representação do gênero masculino é articulada à sexualidade de um modo mais central do que a do gênero feminino" (LOURO, 1998: 44).

A homossexualidade emergiu como pecado, distúrbio, uma essência, um gosto diferente. Diversos foram os modos de compreender os outros – os homossexuais –, predominando, na maior parte das vezes, um sentimento de tolerância: *O colega do meu tio, ele namora com homem, todo mundo fica zoando ele. O problema não é dele? O problema é dele gente!* (Carlos). Ou seja, *gays* e lésbicas são diferentes, têm desejos que não se enquadram no padrão de normalidade difundido em nossa sociedade, mas não são criminosos. Portanto, não teríamos por que impedi-los de viver sua sexualidade tal como desejam, "a vida é deles, o problema é deles".

Se, por um lado, não é possível afirmar que os alunos aceitaram a homossexualidade, ou que compreenderam os direitos e as conquistas ao longo dos anos, por outro lado, pode-se dizer que grande parte deles aceitou ser a tolerância o mínimo devido aos homossexuais. Alguns meninos, que inicialmente viam com total desprezo o homossexualismo, reviram seus posicionamentos e passaram a entendê-lo como uma outra forma de viver a sexualidade, que, embora "estranha", deve ser respeitada ou, ao menos, tolerada.

Em suma, cabe reconhecer não ter sido possível superar os preconceitos de todos os alunos. Ao mesmo tempo, vale destacar que as práticas de letramento, tão presentes no cotidiano escolar, permitem tornar a escola um espaço vivo, dinâmico, capaz de pôr em xeque os preconceitos de nossos/as alunos/as. Trata-se de buscar o diálogo entre as diferenças nas salas de aula, a fim de favorecer a construção de uma sociedade mais solidária – nem que para isso os/as professores/as tenham que tropeçar em seus próprios preconceitos e abandonar práticas tradicionais.

Finalizando

O trabalho com a identidade, nas escolas, talvez ainda não se faça presente, como seria de desejar, em todas as salas de aula. Sua importância talvez não tenha sido de todo reconhecida pelos profissionais da educação, bem como pelas comunidades escolares. Todavia, a menção a questões de identidade em políticas curriculares oficiais, como na *Multieducação*, do Município do Rio de Janeiro, mostra-se bastante promissora. No documento a identidade é vista como um "jogo de armar". "Na Modernidade, com a complexidade crescente das sociedades, a identidade tornou-se móvel, múltipla, pessoal, autorreflexiva e sujeita a mudanças" (1996: 135).

Também no Parecer referente às Diretrizes Curriculares Nacionais para o Ensino Fundamental, acentua-se que os/as estudantes, ao aprenderem conhecimentos e valores constantes das propostas curriculares, estarão constituindo suas identidades como *cidadãos em processo*, capazes de ser protagonistas de ações responsáveis, solidárias e autônomas (Parecer 4/98, da Câmara de Educação Básica do Conselho Nacional de Educação, Ministério da Educação e do Desporto).

Importa ressaltar que lidar com as identidades não se revela tarefa simples nas escolas. Pouco discutida nos cursos de formação de professores, a temática implica, nas práticas que a focalizam, obstáculos nem sempre vencidos com sucesso. Em estudo em que se abordou a ação de uma professora de Ciências, que imprimia uma perspectiva antirracista no ensino de sua disciplina, Canen e Oliveira (2002) verificaram que a professora se saía bem no esforço por centrar as atividades nos universos culturais dos estudantes, fonte de dificuldades para muitos docentes. Ainda: conseguia, de forma pertinente, hibridizar o discurso biológico com outros discursos, provenientes de áreas como a antropologia, a música e a poesia, o que facilitou a subversão de significados antirracistas.

No entanto, como as pesquisadoras puderam concluir, privilegiar um marcador identitário específico (no caso em pauta, a raça), tanto apresenta potenciais quanto limites para a prática pedagógica. No estudo em questão, foi possível observar que determinantes tais como gênero, linguagem e etnia, quando surgiam nas aulas, "eram revestidos de um discurso mais folclórico, contrastando com o tom multicultural crítico de desafio a preconceitos que predominou no tratamento à categoria racial" (CANEN & OLIVEIRA, 2002: 73). Ou seja, é conveniente indagar se determinadas ênfases conduzem a uma hierarquização das diferenças ou se é de fato viável, ainda que custoso, instigar o diálogo entre as diferenças.

Os princípios e os estudos que apresentamos neste texto levam-nos a acreditar que, nas tentativas de renovar nossas práticas pedagógicas, a despeito dos embaraços que surjam, algum grau de solidariedade entre nossos/as estudantes pode vir a germinar, florescer e, como disse o poeta, furar "o asfalto, o tédio, o nojo e o ódio".

Referências bibliográficas

BAUMAN, Z. (1998). O *mal-estar da Pós-modernidade*. Rio de Janeiro: Zahar.

BRASIL/Ministério da Educação e do Desporto/Câmara de Educação Básica do Conselho Nacional de Educação (1998). *Parecer 04/98*.

BURBULES, N.C. & RICE, S. (1993). Diálogo entre as diferenças: continuando a conversação. In: SILVA, T.T. (org.). *Teoria educacional crítica em tempos pós-modernos*. Porto Alegre: Artes Médicas.

CÂMARA, M.J. (2005). *Construção de identidades em uma sala de leitura*. Petrópolis: UCP [Dissertação de mestrado].

CANEN, A. & MOREIRA, A.F.B. (2001). Reflexões sobre o multiculturalismo na escola e na formação docente. In: CANEN, A. & MOREIRA, A.F.B. (orgs.). *Ênfases e omissões no currículo*. Campinas: Papirus.

CANEN, A. & OLIVEIRA, A.M.A. (2002). "Multiculturalismo e currículo em ação: um estudo de caso". *Revista Brasileira de Educação*, n. 21, p. 61-74.

CARDOSO, S.H.B. (1999). *Discurso e ensino*. Belo Horizonte: Autêntica.

DUCROT, O. & TODOROV, T. (1973). *Dicionário das Ciências da Linguagem*. Lisboa: Dom Quixote.

DUTRA, F.S. (2003). Letramento e identidade: (re)construção das identidades sociais e de gênero. In: MOITA LOPES, L.P. *Discursos de identidades*. São Paulo: Mercado de Letras.

FAIRCLOUGH, N. (2001). *Discurso e mudança social*. Brasília: UnB.

FLEURI, R.M. (org.) (1998). *Intercultura e movimentos sociais*. Florianópolis: Mover/NUP.

GILROY, P. (1997). Diaspora and the detours of identity. In: WOODWARD, K. (org.). *Identity and difference*. London: Sage.

GOMES, N.L. (2002). "Trajetórias escolares, corpo negro e cabelo crespo: reprodução de estereótipos ou ressignificação cultural?" *Revista Brasileira de Educação*, n. 21, p. 40-51.

LOURO, G.L. (2003). *Gênero, sexualidade e educação*. Petrópolis: Vozes.

_____ (1998). Segredos e mentiras do currículo – Sexualidade e gênero nas práticas escolares. In: SILVA, L.H. (org.). *A escola cidadã no contexto da globalização*. Petrópolis: Vozes.

McCARTHY, C. (1998). *The uses of culture*: education and the limits of ethnic affiliation. Nova York: Routledge.

MIEDEMA, S. & WARDEKKER, W.L. (1999). Emergent identity versus consistent identity: possibilities for a postmodern repolicization of critical pedagogy. In: POPKEWITZ, T. & FENDLER, L. (orgs.). *Critical theories in education*: changing terrains of knowledge and politics. Nova York: Routledge.

MOITA LOPES, L.P. (2002). *Identidades fragmentadas*. São Paulo: Mercado de Letras.

RIO DE JANEIRO/Secretaria Municipal de Educação (1996). *Multieducação*: núcleo curricular básico. Rio de Janeiro.

SILVA, T.T. (2000). A produção social da identidade e da diferença. In: SILVA, T.T. (org.). *Identidade e diferença*: a perspectiva dos estudos culturais. Petrópolis: Vozes.

SOARES, M. (2004). *Letramento*: um tema em três gêneros. Belo Horizonte: Autêntica.

SOUSA SANTOS, B. (2001). "Dilemas do nosso tempo: globalização, multiculturalismo e conhecimento". *Educação & Realidade*, vol. 26, n. 1, p. 13-32.

_____ (2000). *A crítica da razão indolente*: contra o desperdício da experiência. São Paulo: Cortez.

_____ (1997). Toward a multicultural conception of human rights. *Zeitschrift für Rechtssoziologie*, 18, p. 1-14.

SOUZA, M.I.P. & FLEURI, R.M. (2003). Entre limites e limiares de culturas: educação na perspectiva intercultural. In: FLEURI, R.M. (org.). *Educação intercultural*: mediações necessárias. Rio de Janeiro: DP&A.

STOER, S.R. & CORTESÃO, L. (1999). *Levantando a pedra*: da pedagogia inter/multicultural às políticas educativas numa época de transnacionalização. Porto: Afrontamento.

STOER, S.R. & MAGALHÃES, A. (2005). *A diferença somos nós* – A gestão da mudança social e as políticas educativas e sociais. Porto: Afrontamento.

WILLINSKY, J. (1998). "The educational politics of identity and category". *Interchange*, vol. 29, n. 4, p. 385-402.

3
A questão racial na escola: desafios colocados pela implementação da Lei 10.639/03

Nilma Lino Gomes*

Em 9 de janeiro de 2003, o Presidente Luiz Inácio Lula da Silva sancionou a Lei 10.639, uma medida de ação afirmativa que torna obrigatória a inclusão do ensino da História da África e da Cultura Afro-Brasileira nos currículos dos estabelecimentos de ensino públicos e particulares da educação básica. Trata-se de uma alteração da Lei 9.394/96, Lei de Diretrizes e Bases da Educação Nacional (LDBEN). Mais do que uma iniciativa do Estado, essa lei deve ser compreendida como uma vitória das lutas históricas empreendidas pelo Movimento Negro brasileiro em prol da educação. Portanto, a partir de 2003, a Lei 9.394/96 passa a vigorar acrescida dos seguintes arts: 26-A, 79-A e 79-B:

> Art. 26-A. Nos estabelecimentos de Ensino Fundamental e Médio, oficiais e particulares, torna-se obrigatório o ensino sobre História e Cultura Afro-Brasileira (Incluído pela Lei 10.639, de 09/01/2003).
>
> § 1º O conteúdo programático a que se refere o caput deste artigo incluirá o estudo da História da África e dos africanos, a luta dos negros no Brasil, a cultura negra

---

* Professora adjunta da Faculdade de Educação da UFMG. Coordenadora do Programa Ações Afirmativas na UFMG. Este capítulo é parte das reflexões do pós-doutorado da autora, realizado no Centro de Estudos Sociais, da Universidade de Coimbra, sob a orientação do prof. Dr. Boaventura de Sousa Santos, com apoio do CNPq.

brasileira e o negro na formação da sociedade nacional, resgatando a contribuição do povo negro nas áreas social, econômica e política pertinentes à História do Brasil (Incluído pela Lei 10.639, de 09/01/2003).

§ 2º Os conteúdos referentes à História e Cultura Afro-Brasileira serão ministrados no âmbito de todo o currículo escolar, em especial nas áreas de Educação Artística e de Literatura e História Brasileiras (Incluído pela Lei 10.639, de 09/01/2003).

Art. 79-A. (VETADO) (Incluído pela Lei 10.639, de 09/01/2003).

Art. 79-B. O calendário escolar incluirá o dia 20 de novembro como Dia Nacional da Consciência Negra. (Incluído pela Lei 10.639, de 09/01/2003)[1] (Grifos nossos).

Após a sanção da Lei 10.639/03, o Conselho Nacional de Educação aprovou a Resolução 1, de 17/03/2004, que institui as Diretrizes Curriculares Nacionais para a Educação das Relações Étnico-Raciais e para o Ensino de História e Cultura Afro-Brasileira e Africana[2]. A partir de então, as escolas da educação básica passam a ter um documento legal que discute e aprofunda o teor da Lei 10.639/03, capaz até de orientar a prática pedagógica.

A implementação da Lei 10.639/03 e de suas respectivas diretrizes curriculares nacionais vem somar às demandas do movimento negro, de intelectuais e de outros movimentos

---

1. Disponível em: http://www.planalto.gov.br/ccivil_03/leis/l9394 (Acesso em 27/06/2007).

2. Resolução fundamentada no Parecer CNE/CP nº 3/2004 dos conselheiros Petronilha Beatriz Gonçalves e Silva (relatora), Carlos Roberto Jamil Cury (membro), Francisca Novantino Pinto de Ângelo (membro) e Marília Ancona-Lopez (membro), aprovado por unanimidade pelo Pleno do Conselho Nacional de Educação, em 10/03/2004, e homologado pelo ministro da Educação em 19/05/2004.

sociais que se mantêm atentos à luta pela superação do racismo na sociedade, de modo geral, e na educação escolar, em específico. Esses grupos partilham da concepção de que a escola é uma das instituições sociais responsáveis pela construção de representações positivas dos afro-brasileiros e por uma educação que tenha o respeito à diversidade como parte de uma formação cidadã. Acreditam que a escola, sobretudo a pública, exerce papel fundamental na construção de uma educação antirracista.

Como já era de se esperar, muitos nem procuram compreender o contexto do surgimento dessa nova lei e já a criticam. Há até mesmo aqueles que a chamam de autoritarismo do Estado e, outros, de racismo às avessas. Mas, para além de opiniões precipitadas e preconceituosas sobre o tema, é importante refletir sobre o que essa lei representa no contexto das relações raciais no Brasil e, sobretudo, no momento em que as ações afirmativas começam a fazer parte do cenário nacional, extrapolando os fóruns da militância negra e dos pesquisadores interessados pelo tema. Essa reflexão é um caminho interessante para ponderarmos sobre os limites e as possibilidades da lei, suas implicações na formação de professores e professoras e na sala de aula.

Apesar de decorridos quatro anos após a sanção da Lei 10.639/03 e das iniciativas do Ministério da Educação, do Movimento Negro e dos Núcleos de Estudos Afro-Brasileiros para a sua implementação, ainda encontramos muitas resistências de secretarias estaduais, municipais, escolas e educadores(as) à introdução da discussão que ela apresenta. Essa resistência não se dá no vazio. Antes, está relacionada com a presença de um imaginário social peculiar sobre a questão do negro no Brasil, alicerçado no mito da democracia racial. A crença apriorística de que a sociedade brasileira é o exemplo de democracia e inclusão racial e cultural faz com que a demanda do trato pedagógico e político da questão racial seja vista com desconfiança pelos brasileiros e brasileiras, de maneira geral, e por muitos educadores, educadoras e formuladores de políticas educacionais, de forma particular.

Talvez um dos caminhos para a superação dessa situação seja uma reflexão profunda sobre a discussão já realizada pelo Movimento Negro e por todos aqueles que acreditam em uma educação antirracista: a questão racial não se restringe à comunidade negra, e a superação do racismo e da desigualdade racial faz parte da luta pela construção da cidadania e da democracia para todos. Em uma sociedade multirracial e pluricultural, como é o caso do Brasil, não podemos mais continuar pensando a cidadania e a democracia sem considerar a diversidade e o tratamento desigual historicamente imposto aos diferentes grupos sociais e étnico-raciais.

Em qualquer sociedade, a construção da diversidade assume contornos diferentes de acordo com o processo histórico, relações de poder, imaginários, práticas de inclusão e exclusão que incidem sobre os diferentes sujeitos e grupos. Nesse sentido, é preciso compreender os processos históricos e culturais singulares vividos por esses grupos no contexto das desigualdades e como esses nem sempre são considerados quando lutamos pela construção da democracia.

Muitas vezes, o caráter universal e abstrato do discurso em prol de uma *democracia para todos* acaba uniformizando e homogeneizando trajetórias, culturas, valores e povos. Por isso, os movimentos sociais cada vez mais buscam ampliar a noção de democracia, a fim de que ela insira a diversidade e apresente alternativas para lidar com as políticas de identidade. Essa outra perspectiva de democracia deverá radicalizar ainda mais a luta pelos direitos sociais, incluindo nessa o direito à diferença. Assim, a democracia estará mais próxima das vivências concretas dos diferentes sujeitos sociais e de sua luta pela construção da igualdade social que incorpore e politize a diversidade. É nesse contexto que emerge a Lei 10.639/03.

Antes mesmo de pensarmos se somos contra a Lei 10.639/03 e suas Diretrizes Curriculares ou a favor dela, é preciso compreender o fato de que o racismo e a desinformação sobre a ascendência africana no Brasil constituem sérios obstáculos à promoção de uma consciência coletiva que tenha como eixo da ação política a construção de uma sociedade mais justa e igualitária para todos os grupos étnicos e raciais deste país. No caso da educação escolar, o racismo e a desinformação são também obstáculos ao cumprimento da função social e cultural da escola expressa nos arts. 1º e 2º da LDBEN.

O primeiro artigo da LDBEN afirma que a educação abrange os processos formativos que se desenvolvem na vida familiar, na convivência humana, no trabalho, nas instituições de ensino e pesquisa, nos movimentos sociais e organizações da sociedade civil e nas manifestações culturais. Se entendemos que conhecer a nossa história e herança africana faz parte do processo de formação dos sujeitos sociais e se reconhecemos que uma parte significativa da nossa formação histórica e cultural referente à África e à cultura afro-brasileira não tem sido trabalhada a contento pela escola, só poderemos confirmar a importância da inclusão dessa discussão no currículo escolar, mesmo que seja por força da lei.

O § 4º do art. 25 da LDBEN diz que o ensino de História do Brasil deverá levar em conta as contribuições das diferentes culturas e etnias para a formação do povo brasileiro, especialmente as matrizes indígena, africana e europeia. A Lei 10.639/03, ao alterar a LDBEN, vai mais longe. Ela supera a visão de que a ação da população negra no Brasil se resume a meras contribuições e traz para o debate a ideia de participação, constituição e configuração da sociedade brasileira pela ação das diversas etnias africanas e seus descentes. Além disso, extrapola o conhecimento específico do ensino de História incluindo outras áreas do conhecimento.

Ao lermos a lei juntamente com as Diretrizes Curriculares Nacionais, poderemos ter uma visão ainda mais alargada da sua amplitude e do seu caráter interdisciplinar. Esse é um exercício que precisamos fazer para desenvolvermos estratégias pedagógicas para a implementação da lei. Contudo, é preciso reconhecer que há campos do conhecimento que ficaram pouco explorados na referida lei e esses dependerão da competência e criatividade dos educadores e educadoras, da condução hábil do MEC e das equipes das secretarias de educação, a fim de que essas lacunas sejam sanadas[3].

A Lei 10.639/03 e seus impactos na subjetividade de negros e brancos

Maior conhecimento das nossas raízes africanas e da participação do povo negro na construção da sociedade brasileira haverá de nos ajudar na superação de mitos que discursam sobre a suposta indolência do africano escravizado e a visão desse como selvagem e incivilizado. Essa revisão histórica do nosso passado e o estudo da participação da população negra brasileira no presente poderão contribuir também na superação de preconceitos arraigados em nosso imaginário social e que tendem a tratar a cultura negra e africana como exóticas e/ou fadadas ao sofrimento e à miséria.

Do ponto de vista pedagógico, a superação dos preconceitos sobre a África e o negro brasileiro poderá causar impactos positivos, proporcionando uma visão afirmativa acerca da diversidade étnico-racial e entendendo-a como uma riqueza da nossa diversidade cultural e humana. Do ponto de vista político, essa mesma visão deverá sempre ser problematizada à luz das relações de poder, de dominação e dos contextos de desigualdade e de colonização. No entanto, há também outro impacto que tal discussão poderá acarretar e que incide sobre outra esfera mais profunda e talvez mais complexa: a subjeti-

---

3. Um documento que amplia a Lei 10.639/03 e as Diretrizes Curriculares é: *Orientações e ações para a educação das relações étnico-raciais.* Brasília: Secad, 2006.

vidade de um grande contingente de pessoas negras e brancas que passam pela educação básica.

É importante salientar que a introdução de uma releitura sobre a África e a cultura afro-brasileira na escola afeta e causa impacto não só na subjetividade dos negros. Os outros grupos étnico-raciais presentes nessa instituição, sobretudo o segmento branco, também usufruirão dessa mudança.

No caso específico da população branca, tocaremos em uma dimensão pouco discutida no Brasil e na escola brasileira, a saber: a construção da "branquitude". Esta refere-se, segundo Bento (2002), aos traços da identidade racial do branco brasileiro, uma dimensão subjetiva formulada no contexto das relações de poder e raciais do nosso país. De acordo com a autora, a "branquitude" é a produção de uma identidade racial que toma o branco como padrão de referência de toda uma espécie. Nesse processo, constrói-se uma apropriação simbólica formulada pelas elites que fortalece a autoestima e o autoconceito do grupo branco em detrimento dos demais. Essa apropriação acaba legitimando a supremacia econômica, política e social do grupo visto como branco no Brasil. Em contrapartida, constrói-se um imaginário extremamente negativo sobre o negro, que solapa a identidade racial, danifica sua autoestima, culpa-o pela discriminação que sofre e ainda justifica as desigualdades raciais.

No contexto da Lei 10.639/03, essa discussão deveria fazer parte dos processos de formação inicial e continuada de professores e das discussões em sala de aula. Afinal, quando discutimos sobre identidade negra, será que refletimos e questionamos a identidade racial do branco? Qual foi o legado da escravidão para o branco? Qual é a herança simbólica que os brancos carregaram da escravidão? Como os seus antepassados são vistos? Qual é a dimensão étnico-racial dessa ancestralidade? Além dos benefícios sociais, econômicos, educacionais e políticos vividos pela população branca no Brasil em detrimento dos negros, os quais são comprovados pelas pesquisas sobre desigualdades sociais em nosso país, será que refletimos sobre os benefícios simbólicos de "ser branco no Brasil"?

Ainda, segundo Bento (2002),

> [...] Mesmo em situação de pobreza, o branco tem o privilégio simbólico da brancura, o que não é pouca coisa. Assim, tentar diluir o debate sobre raça analisando apenas a classe social é uma saída de emergência permanentemente utilizada, embora todos os mapas que comparem a situação de trabalhadores negros e brancos, nos últimos vinte anos, explicitem um déficit muito maior em todas as dimensões da vida, na saúde, na educação, no trabalho. A pobreza tem cor, qualquer brasileiro minimamente informado foi exposto a essa afirmação, mas não é conveniente considerá-la. Assim o jargão repetitivo é que o problema limita-se à classe social. Com certeza esse dado é importante, mas não é só isso (p. 27).

Descentrar os impactos do racismo na construção da identidade e da subjetividade dos negros e incluir como esse fenômeno afeta essas mesmas dimensões dos outros grupos étnico-raciais é um dos debates desencadeados pela introdução da Lei 10.639/03. Para tal, exigirá de nós um aprofundamento teórico sobre o tema, a superação de valores preconceituosos e uma visão sobre a identidade conquanto uma construção social, cultural e política povoada de ambiguidades e conflitos, e não como algo estático.

O que sabemos sobre a África?

No Brasil, a educação, de modo geral, e a formação de professores, em específico – salvo honrosas exceções –, são permeadas por uma grande desinformação sobre a nossa herança africana e sobre as realizações do negro brasileiro da atualidade.

Ainda quando se fala em África na escola e até mesmo no campo da pesquisa acadêmica, reporta-se mais ao escravismo e ao processo de escravidão. Passemos em revista a forma como aprendemos a ver a África e os africanos escravizados em nossa trajetória escolar. Somos ainda a geração adulta que, durante a infância, teve contato com a imagem do africano e seus descendentes no Brasil mediante as representações dos pintores Jean-Baptiste Debret e Johann Moritz Rugendas sobre o Brasil do século XIX e seus costumes. Africanos escravizados recebendo castigos, crianças negras brincando aos pés dos senhores e senhoras, os instrumentos de tortura, o pelourinho, o navio negreiro, os escravos de ganho e algumas danças típicas são as imagens mais comuns que povoam a nossa mente e ajudam a forjar o imaginário sobre a nossa ancestralidade negra e africana. Essas imagens estavam presentes nos livros didáticos, sobretudo nos de História. E os livros de Geografia, Matemática, Português? Que imagens de negro veiculavam? Ou melhor: será que o negro aparecia nesses manuais didáticos? Como?

Com que imagens sobre a África e sobre os negros brasileiros a geração brasileira, hoje adulta e que passou pela escola básica, foi formada? Certamente, pela visão do "outro", do branco, do europeu. A África e os negros brasileiros vistos de forma cristalizada, estereotipada e, muitas vezes, animalizada. E mais, ao retomarmos essas imagens, hoje, elas vêm à nossa mente de forma isolada, desconexa, desarticulada de uma discussão mais ampla do contexto histórico, político e cultural da época. São como *flashes* de um passado que não tem mais nada a ver conosco. Por que será? Na realidade, porque dificilmente a ampliação dessa discussão e a revisão crítica desse "olhar sobre o outro" eram uma preocupação pedagógica e política da época.

Se tudo isso ficasse só nas imagens do passado... O problema é que essas imagens fizeram parte da vivência curricular na escola. Elas extrapolaram o aprendizado dos conteúdos propriamente ditos e formaram subjetividades, produziram discursos sobre o outro e sobre as diferenças. Nesse sentido, dificilmente essas imagens possibilitaram a construção de subjetividades mais abertas ao trato da diversidade.

A questão que considero mais séria e passível de uma profunda reflexão é: será que as crianças, os adolescentes, os jovens e os adultos que frequentam a escola, na atualidade, têm contato com outras imagens e com a história dos africanos escravizados vista na perspectiva da luta e da resistência negras? Será que os nossos alunos e alunas, ao passarem pela escola básica, hoje, têm a possibilidade de estudar, conhecer e aprofundar seus conhecimentos sobre o continente africano? Na formação inicial dos docentes, nos cursos de Pedagogia e de Licenciatura, a discussão sobre a questão racial brasileira e sobre o continente africano de ontem e de hoje se fazem presentes? Como? Se o Brasil se diz orgulhar da sua ascendência africana expressa no jeito de ser brasileiro, na sonoridade, na corporeidade, na musicalidade e na composição étnico-racial da nossa população, o que sabemos sobre o continente africano no qual se encontra não só a nossa origem, mas também a de toda a humanidade? Será que o currículo dos anos finais da educação básica e do Ensino Médio, ao inserir outros continentes e outros países, inclui a África, os vários países, as culturas e as línguas que lá existem? Nos livros didáticos de Geografia e de História, onde estão localizadas as discussões sobre o negro brasileiro e o continente africano? No final do livro? Na perspectiva da escravidão? No enfoque de Palmares, como o único quilombo brasileiro e como única forma de resistência negra durante a escravidão? Ao respondermos a essas questões, poderemos compreender os motivos e a importância da Lei 10.639/03.

De acordo com Munanga e Gomes (2006), até hoje, nas imagens que são veiculadas sobre a África, raramente são mostrados os vestígios de um palácio real, de um império, as imagens dos reis e muito menos as de uma cidade moderna africana construída pelo próprio ex-colonizador. Geralmente, a África ainda é apresentada de forma dividida e reduzida, focalizando os aspectos negativos, como atraso, guerras "tribais", selva, fome, calamidades naturais, doenças endêmicas, Aids, etc.

Mas os autores advertem:

> No entanto, não faltam imagens e registros históricos capazes de mostrar uma África autêntica em sua múltipla realidade, que possam até criar um sentimento de solidariedade com os países africanos. Essas imagens de uma África autêntica pululam nos testemunhos dos viajantes árabes que se aventuraram nos países da África Ocidental entre os séculos IX e XI e dos navegadores portugueses que, no alvorecer da era das navegações no século XV, começaram a se aventurar mais ao sul do continente de forma sistemática (p. 32).

Os autores ainda acrescentam que:

> Todos, árabes e europeus descreveram em seus relatos a verdadeira África que viram. Muitos falaram com admiração das formas políticas africanas altamente elaboradas e socialmente aperfeiçoadas, entre as quais se alternavam reinos, impérios, cidades-estados e outras formas políticas baseadas no parentesco, como chefias, clãs, linhagens, etc. (p. 32).

O estudo da África de ontem e de hoje, em perspectiva histórica, geográfica, cultural e política, poderá nos ajudar na superação do racismo no Brasil. Afinal, se um dos elementos que compõem o imaginário racista brasileiro é a inferiorização da nossa ascendência africana e a redução dos africanos escravizados à condição de escravo, retirando-lhes e dos seus descendentes o estatuto de humanidade, a desconstrução desses estereótipos poderá nos ajudar a superar essa situação. O estudo sistemático da riqueza das civilizações africanas, do impacto do colonialismo sobre esse continente, a África negra e as muitas "Áfricas", da presença muçulmana no continente, das lutas políticas, das independências, das múltiplas culturas, da diversidade linguística e estética e seus problemas atuais no contexto da globalização capitalista e dos Estados neoliberais poderá nos ajudar a incluir a África e os africanos no cenário da história humana, e não como algo à parte. Além disso, o estudo da diáspora africana, das variadas formas de recriação dos elementos culturais oriundos das diversas etnias escravizadas pelo tráfico negreiro, da presença negra no Brasil e na América Latina no passado e no presente também se faz necessário.

A escola e seu currículo são impelidos, na atualidade, a incluir tal discussão não só na mudança de postura dos profissionais da educação diante da diversidade étnico-racial, como também na distribuição e organização dos conteúdos curriculares; para tal, será necessário o investimento na formação inicial e continuada dos professores. No entanto, esse processo não acontecerá apenas pela ação do Estado. Não basta esperarmos pelo MEC e pelas secretarias de educação. Para que a Lei 10.639/03 se efetive, de fato, faz-se necessário que ela também seja tomada como uma reivindicação da categoria docente, assim como já foi feito com tantos outros temas caros aos movimentos sociais e que antes eram excluídos da organização curricular. Isso implica também a cobrança pela efetiva alocação de recursos públicos nos processos e políticas de formação de professores para a diversidade. Afinal, uma mudança tão radical precisa ser acompanhada de condições concretas de financiamento, produção de material, aquisição de acervo bibliográfico, consultorias, assessorias, entre outros. A escola não poderá ficar sozinha nesse processo. Faz-se necessária a intervenção do MEC e das secretarias estaduais e municipais de educação na construção efetiva de condições de formação docente e de realização de propostas e projetos pedagógicos em âmbito nacional e local.

Mas, para isso, volto a insistir, precisamos avançar na compreensão de que a questão racial não se reduz aos negros. Ela é uma questão da sociedade brasileira e deve ser assumida pelo Estado e pelo povo brasileiro. Portanto, todos estão convocados para essa luta. Ela é uma questão da escola brasileira, seja ela pública, seja ela privada. De acordo com as Diretrizes Curriculares Nacionais para a Educação das Relações Étnico-Raciais e para o Ensino de História e Cultura Afro-Brasileira e Africana,

> Outro equívoco a superar é a crença de que a discussão sobre a questão racial se limita ao Movimento Negro e a estudiosos do tema e não à escola. A escola, enquanto instituição social responsável por assegurar o direito da educação a todo e qualquer cidadão, deverá se posicionar politicamente, como já vimos, contra toda e qualquer forma de discriminação. A luta pela superação do racismo e da discriminação racial é, pois, tarefa de todo e qualquer educador, independentemente do seu pertencimento étnico-racial, crença religiosa ou posição política. O racismo, segundo o art. 5º da Constituição Brasileira, é crime inafiançável e isso se aplica a todos os cidadãos e instituições, inclusive à escola (p. 16).

Aspectos positivos da lei: uma breve reflexão

Estamos diante de um contexto que vai além da implementação de uma legislação que responda às demandas históricas de um movimento social. A Lei 10.639/03 faz parte das políticas de ação afirmativa. Estas têm como objetivo central a correção de desigualdades, a construção de oportunidades iguais para os grupos sociais e étnico-raciais com um comprovado histórico de exclusão e primam pelo reconhecimento e valorização da história, da cultura e da identidade desses segmentos.

Nesse sentido, participamos, atualmente, de um momento de redefinição do papel do Estado. Não mais o Estado totalmente neutro diante da complexa inter-relação entre classe, raça, gênero e desigualdades, mas, sim, como propulsor de transformações sociais, reconhecendo as disparidades entre brancos e negros no Brasil e a sua responsabilidade de intervenção nesse quadro. A superação das desigualdades raciais começa aos poucos a ser incorporada como uma das tarefas do Estado brasileiro, problematizando, aprofundando e ampliando o debate sobre a garantia dos direitos humanos básicos e fundamentais, não de forma abstrata, mas incluindo a diversidade.

Esse é um dos pontos positivos da lei e suas respectivas diretrizes curriculares. Trata-se do resultado efetivo de anos de luta do Movimento Negro brasileiro, principal protagonista nessa história. É uma intervenção no Estado, na política educacional, na prática pedagógica e no currículo escolar.

Como toda política, a ação afirmativa deve ser acompanhada, avaliada e aperfeiçoada. Por isso, é preciso ter cautela quando vários educadores e educadoras e intelectuais se juntam para apontar os limites da Lei 10.639/03 e suas respectivas diretrizes curriculares. As críticas são importantes para fazer avançar, e não para paralisar. É interessante observar que, antes mesmo de ler a Lei e as Diretrizes e de refletir sobre as propostas que elas trazem para o contexto educacional brasileiro, muitos profissionais se apressem a apontar os limites. Por isso é importante destacar os aspectos positivos, a fim de encaminhar a nossa interpretação para a percepção dos avanços da lei na construção de uma educação escolar mais democrática.

Outro aspecto positivo que merece ser salientado é a possibilidade de uma mudança de postura ante a história. Ao introduzirmos a discussão sobre a África, a diáspora africana e o negro brasileiro, poderemos extrapolar a história factual que tanto criticamos e incluir uma dimensão social e cultural tão necessária na formação histórica de todos os alunos. Nessa perspectiva, veremos que, ao contar a história do Brasil, fatalmente nos reportamos à África.

Outro aspecto que merece ser salientado refere-se à oportunidade de democratização do saber mediante uma distribuição igualitária da organização dos conteúdos que inclua o continente africano nas informações sobre a história, a geografia, a política e as culturas dos continentes existentes na Terra. Mas é preciso tomar cuidado! Se reduzirmos a discussão trazida pela Lei 10.639/03 e suas respectivas diretrizes curriculares em "conteúdos" escolares, corremos o risco de apagar a riqueza desta proposta. Corre-se o risco de inserir as múltiplas possibilidades que essa discussão nos traz em uma ou duas aulas, uma palestra com um militante do Movimento Negro ou um estudioso do tema, um dia de comemoração sobre a África ou reduzi-la à Semana da Consciência Negra. É fato que os alunos e alunas terão de ler, pesquisar, estudar, discutir, assistir a filmes, documentários e debater. Muito mais do que um conteúdo curricular, a inserção da discussão sobre a África e a questão do negro no Brasil nas escolas da educação básica têm como objetivo promover o debate, fazer circular a informação, possibilitar análises políticas, construir posturas éticas e mudar o nosso olhar sobre a diversidade.

É bom atentar para o título das diretrizes: *Diretrizes Curriculares Nacionais para a* **Educação das Relações Étnico-Raciais** *e para o Ensino de História e Cultura Afro-Brasileira e Africana*. Ou seja, a discussão sobre a África e a cultura afro-brasileira e africana encontra-se em um campo mais amplo: a educação das relações étnico-raciais. Talvez seja essa a novidade mais interessante que as diretrizes trazem. A discussão sobre a questão africana e afro-brasileira só terá sentido e eficácia pedagógica, social e política se for realizada no contexto de uma *educação para as relações étnico-raciais*.

As diretrizes nos dão elementos para refletir sobre qual deve ser a postura ética a nortear e a conduzir a ação educativa. Como diz Ferreira (2006): "A morada do educador é a ética. Entender a ética é compreender e construir uma forma de relação com o outro que deve ser a referência para que a escolha do sujeito seja aceita como princípio geral que proteja o ser humano no mundo".

Tal postura não se constrói no isolamento. Ela é edificada na relação com o outro. Por isso, a ética é a casa ou a morada da liberdade. Ela não se fecha na norma moral do certo e do errado, mas na capacidade de problematizar, de refletir e tomar decisões. E é no campo da liberdade que a questão racial deve ser pensada. Ser negro, reconhecer-se negro e ser reconhecido como tal, na perspectiva ética, nunca deveria ser motivo de vergonha, negação e racismo, mas de reconhecimento, respeito e valorização. Significa trazer no corpo, na cultura e na história a riqueza de uma civilização ancestral e um processo de luta e resistência que continua agindo no mundo contemporâneo.

É essa orientação que crianças, adolescentes, jovens e adultos negros e brancos deveriam receber da escola. Uma visão afirmativa que seja instrumento para a nossa libertação das amarras do racismo, que fortaleça o conhecimento da história e da cultura africana e afro-brasileira no sentido de formar subjetividades rebeldes e democráticas, nos dizeres de Santos (1996).

É claro que esse processo nos colocará diante de conflitos. Mas sabemos que o conflito é inevitável em qualquer processo de formação humana. Segundo Ferreira (2006), o conflito aponta que a norma, a lei, pode estar acontecendo de forma imperativa, sem a possibilidade do diálogo, sem acordos. O que se deve fazer na escola quando, ao lidar com a educação das relações étnico-raciais, encontramo-nos diante dos conflitos? Não há uma resposta única. Mas podemos apontar um caminho. Um deles é a criação da disposição para refletir sobre as normas e os acordos, tendo em vista o mundo da cultura, o currículo e o contexto das desigualdades sociais e raciais. Assim, o conflito poderá possibilitar o surgimento de outra orientação ética da *relação* pedagógica, que valorize o sujeito e que seja o limite para que não ocorra a violência simbólica ou explícita.

Entender a dimensão do conflito e repensar a prática pedagógica com base nele, no sentido de exercitar uma postura ética poderá nos apontar para a liberdade, e não para o aprisionamento do sujeito no preconceito, na desigualdade, na discriminação e no racismo. A educação para as relações étnico-raciais que cumpre o seu papel é aquela em que as crianças, os adolescentes, os jovens e os adultos negros e brancos, ao passarem pela escola básica, questionem a si mesmos nos seus próprios preconceitos, tornem-se dispostos a mudar posturas e práticas discriminatórias, reconheçam a beleza e a riqueza das diferenças e compreendam como essas foram transformadas em desigualdades nas relações de poder e de dominação. Em suma, os sujeitos de uma educação das *relações étnico-raciais* que se pauta na ética aprenderão a desnaturalizar as desigualdades e, ao fazê-lo, tornar-se-ão sujeitos da sua própria vida e da sua história e aprenderão a se posicionar politicamente (e não somente no discurso) contra toda a sorte de discriminação.

Outro aspecto positivo da Lei 10.639/03 é a possibilidade de construção de projetos pedagógicos interdisciplinares nas escolas. Já foi falado neste artigo sobre o pouco conhecimento que temos sobre o continente africano e sobre a participação do negro na história, na política, na cultura e na vida social brasileira. A realização da lei e das suas diretrizes na prática escolar nos impele ao desenvolvimento de trabalhos pedagógicos mais articulados, de projetos e de diálogos interdisciplinares. Temas como a expansão islâmica na África, a produção material e tecnológica dos povos africanos influenciando e enriquecendo outras civilizações, a exploração desses saberes pela empresa colonial, a diversidade de culturas e línguas faladas em território africano, a estética, a geopolítica, as atuais relações políticas e internacionais, as questões ligadas à saúde, à cultura e à exploração capitalista, entre outros, carecem de um trabalho conjunto entre os docentes e do olhar das diferentes áreas do conhecimento, extrapolando a visão historiográfica. No caso dos negros brasileiros, o entendimento da luta e resistência negras que ocorreram antes, durante e após a abolição, a vida dos africanos escravizados, as organizações negras, a cultura, a estética, a religiosidade, a expansão demográfica negra, a inserção política dos negros brasileiros, as conquistas do Movimento Negro e a articulação entre desigualdades sociais, raciais e de gênero também poderão ser trabalhados. Além disso, a expressão cultural e política da juventude negra, os impactos das poucas propostas de políticas públicas voltadas para a juventude sobre o segmento juvenil negro também precisam ser discutidos e nos obrigam a realizar um diálogo interdisciplinar na escola.

O contexto da lei poderá também contribuir com a construção do diálogo e da articulação entre escola, Movimento Negro, Núcleos de Estudos Afro-Brasileiros e Universidade. Quem sabe, assim, conseguiremos atingir de fato os processos de formação de professores(as), ainda tão resistentes a essa discussão. É lamentável, mas, muitas vezes, os meios acadêmicos são os mais resistentes a esse diálogo, e os currículos dos cursos de graduação e pós-graduação, sobretudo da área da educação, são os mais fechados à introdução de mudanças, principalmente aquelas oriundas das lutas sociais.

Alguns alertas e uma conclusão

Neste capítulo, faço a opção por não me deter no levantamento dos limites da lei e das diretrizes, embora tenha salientado alguns ao longo da minha argumentação. Por que essa opção? Porque esse tem sido o caminho mais fácil escolhido por aqueles que ainda resistem à inclusão da discussão sobre a questão racial na escola. Por isso destaquei mais o surgimento, os desafios trazidos pela Lei 10.639/03 e as suas Diretrizes e os avanços que esse momento significa para a escola básica brasileira e para os cursos de formação de professores(as) em nível superior.

Mas, ao finalizar este capítulo, não poderia deixar de registrar alguns alertas que, dependendo da forma como a lei for implementada, podem se transformar em limites. O primeiro deles refere-se ao fato de que, apesar da importância da inclusão da questão racial no currículo via o estudo da África e da cultura afro-brasileira, um cuidado deve ser tomado: as ações pedagógicas e as práticas desenvolvidas na perspectiva apontada pela lei não podem desconsiderar o contexto das políticas de ação afirmativa que as possibilitou. É importante frisar que a lei e as diretrizes são mais do que um ganho pedagógico. Elas são resultados da luta política em prol de uma escola e de um currículo que insiram a diversidade. Por isso, elas caminham lado a lado com outras iniciativas políticas e pedagógicas reivindicadas pelos movimentos sociais e hoje incorporadas – com limites e contradições – no contexto educacional brasileiro, tais como: a formação de professores(as) indígenas, a constituição de escolas indígenas, a educação inclusiva, as escolas do campo, a formação de professores(as) do campo, a educação ambiental, entre outros.

Outro alerta refere-se ao perigo de uma interpretação equivocada da lei e das diretrizes. Como o texto da Lei 10.639/03 sugere que, preferencialmente, as áreas de Literatura, Artes e História deverão ser responsáveis pela inclusão da temática, pode-se interpretar que o trabalho pedagógico por ela sugerido se restrinja a essas áreas do conhecimento. Para superar essa interpretação é preciso que o texto da lei seja sempre acompanhado da leitura das suas diretrizes curriculares nacionais. Estas ampliam e aprofundam o debate, uma vez que são, na realidade, fruto do parecer apresentado ao CNE, realizado mediante consulta pública a militantes, intelectuais e legisladores. Por isso, apresentam caráter mais amplo. Mas, como já foi dito, é certo que existem lacunas. Algumas delas já receberam orientação específica do MEC e outras o farão no exercício efetivo da prática pedagógica, já que, para compreender e avançar os limites da lei, será preciso implementá-la e avaliá-la. Para isso, precisamos agir, ou seja, sair da inércia que ainda cerca o debate sobre a questão racial na escola.

A interpretação equivocada da lei também pode resultar em ações desconexas e estanques na escola que tendem a folclorizar a discussão sobre a questão racial, como, por exemplo: chamar um grupo cultural para jogar capoeira sem nenhuma discussão com os/as alunos(as) sobre a corporeidade negra; realizar uma vez por ano um desfile de beleza negra desconectado de uma discussão mais profunda sobre a estética afro-brasileira; colocar os/as alunos(as) da Educação Infantil para recortar pessoas negras de revistas étnicas e realizar trabalhos em sala ou enfeitar o mural da escola sem problematizar o que significa a presença dos negros na mídia; chamar os jovens do movimento *hip-hop* para participar de uma comemoração da escola, desconsiderando a participação de alunos e alunas da própria instituição escolar nesse mesmo movimento; tratar o dia 20 de novembro como mais uma data comemorativa, sem articular essa comemoração com uma discussão sobre o processo de luta e resistência negras.

É claro que há quem realize ações pedagógicas com as temáticas acima exemplificadas de forma séria, discutida e contextualizada. O alerta aqui proposto refere-se ao cuidado com a forma como essas iniciativas pedagógicas poderão ser realizadas e a necessidade de articulá-las com estudos e reflexões mais profundos, levando-se em consideração também os alunos e alunas dos diversos níveis de ensino e nos diferentes ciclos da vida.

Mais do que atividades pedagógicas novas, a discussão sobre a África e o negro no contexto brasileiro devem promover o debate, a discussão, a reflexão e a mudança de postura. Realizar projetos interdisciplinares de trabalho, estimular práticas mais coletivas e reforçar teórica e metodologicamente o combate ao racismo e à discriminação racial na escola são objetivos e deverão também ser resultados da implementação da lei e das diretrizes. Para isso, teremos de mexer na tão falada estrutura escolar, na organização do trabalho docente, instituir processos cada vez mais democráticos de gestão, construir espaços coletivos para a formação em serviço e continuada, modificar tempos, espaços e lógicas. Isso nos leva a concluir que a implementação de um trabalho com a questão racial na escola e no currículo extrapola ela mesma e nos leva a repensar o fazer pedagógico de maneira mais ampla e mais profunda.

Uma lei de tal força política e pedagógica faz parte de um processo mais amplo de mudança estrutural na escola. Por isso, estamos desafiados a tratar a obrigatoriedade do ensino da História da África e da Cultura Afro-Brasileira na educação básica com o mesmo profissionalismo e seriedade com que tratamos as outras discussões, temas e questões sociais, políticas e históricas presentes no campo educacional e escolar.

É preciso igualmente tomar cuidado para não depositarmos toda a nossa esperança de superação do racismo e das desigualdades raciais na educação escolar. A escola sozinha não dá conta de tudo, mas nem por isso ela deixa de ser responsável nesse processo. Ela é uma instituição formadora e ocupa um lugar de relevância social e cultural, juntamente com outros espaços em que também nos educamos. Por isso, é importante entender que o momento atual de discussão e implementação de um estudo sistemático sobre a questão racial na escola básica está inserido em um contexto maior de luta pela construção da democracia e de um Estado realmente democrático, com todos os conflitos que esse debate possa acarretar. O principal alvo da educação antirracista é a construção de uma sociedade mais digna e democrática para todos, que reconheça e respeite a diversidade.

A aplicação da lei mostrará frutos em médio e longo prazos. Um deles poderá ser a possibilidade de a criança, o adolescente, o jovem e o adulto negros, ao entrarem para a escola básica, seja pública, ou privada, terem a possibilidade de participar de um estudo sistemático que destaque as referências positivas do seu grupo étnico/racial, da história do seu povo, entendendo-a como parte da construção da história do nosso país. Essa mesma oportunidade deverá ser oferecida aos alunos brancos e aos de outras etnias. Eles deverão passar pela escola e dela saírem com um olhar positivo sobre a questão racial e sobre a nossa herança negra e africana. Todos eles, alunos e alunas negros, brancos e de outros grupos étnico-raciais, poderão ter a possibilidade de, mediante uma discussão competente e séria sobre a questão racial na escola, construir "subjetividades inconformistas e rebeldes", no dizer de Santos (1996).

Referências bibliográficas

BARBOSA, W. & NASCIMENTO E SANTOS, J.R. (1994). *Atrás do muro da noite* – Dinâmicas das culturas afro-brasileiras. Brasília: Minc/Fundação Cultural Palmares.

BENTO, M.A.S. (2002). Branqueamento e branquitude no Brasil. In: CARONE, I. & BENTO, M.A.S. (orgs.). *Psicologia social do racismo*. Petrópolis: Vozes, p. 25-57.

BRASIL (1996). Lei 9.394, de 24/12/1996: *Lei de diretrizes e bases da educação nacional.* Brasília: Ministério da Educação.

CARDOSO, M. (2002). O *movimento negro*. Belo Horizonte: Mazza.

CARONE, I. & BENTO, M.A.S. (orgs.) (2002). *Psicologia social do racismo*. Petrópolis: Vozes.

Diretrizes curriculares nacionais para a educação das relações étnico-raciais e para o ensino de História e Cultura Afro-Brasileira e Africana (2005). Brasília: Secretaria Especial de Políticas de Promoção da Igualdade Racial/Secretaria de Educação Continuada/Alfabetização e Diversidade, jun.

FERREIRA, A.C. (2006). "A morada do educador: ética e cidadania". *Educação e Revista*, n. 43, jun., p. 57-72. Belo Horizonte.

GOMES, N.L. (2006). Diversidade, cultura, currículo e questão racial: desafios para a prática pedagógica. In: ABRAMOWICZ, A.; BARBOSA, M.A.; SILVÉRIO, V.R. (orgs.). *Educação como prática da diferença*. Campinas: Armazém do Ipê, p. 21-40.

MUNANGA, K. & GOMES, N.L. (2006). *O negro no Brasil de hoje*. São Paulo: Global.

NASCIMENTO, E.L. (org.) (1996). *Sankofa*: matrizes africanas da cultura brasileira. Rio de Janeiro: Eduerj.

SANTOS, B.S. (2006). *A gramática do tempo*: para uma nova cultura política. São Paulo: Cortez.

_____ (2004). Por uma sociologia das ausências e uma sociologia das emergências. In: SANTOS, B.S. (org.). *Conhecimento prudente para uma vida decente*. São Paulo: Cortez, p. 777-821.

_____ (1996). Por uma pedagogia do conflito. In: SILVA, L.H. et al. (orgs.). *Novos mapas culturais, novas perspectivas educacionais*. Porto Alegre: Sulina, p. 15-33.

4
Gênero na sala de aula: a questão do desempenho escolar

Marília Pinto de Carvalho
Faculdade de Educação da USP

Quando falamos em relações de gênero na educação, quase sempre dois assuntos são evocados de imediato: questões ligadas à sexualidade e à constatação de que a grande maioria dos professores de educação básica no Brasil são mulheres, numa proporção que aumenta conforme diminui a idade dos alunos atendidos, a chamada "feminização" do magistério. Ora, ambos os temas são importantes, mas o debate sobre gênero vai muito além deles e, na minha opinião, o fato de restringirmos os usos deste conceito a essas temáticas tem empobrecido nossa compreensão dos problemas educacionais do Brasil.

Se a sexualidade não pode ser entendida fora das relações de gênero, ela também não se reduz a esse campo, constituindo uma área própria, como se poderá verificar no capítulo de autoria de Luiz Paulo Moita Lopes, neste mesmo livro. Por outro lado, gênero não é sinônimo de mulheres, sejam professoras ou alunas, mas inclui homens, mulheres e também símbolos ligados pelo senso comum à feminilidade e à masculinidade. Estes símbolos muitas vezes não têm nada a ver com os corpos sexuados nem com a reprodução. São, por exemplo, cores (rosa e azul), astros celestes (sol e lua), espaços sociais (público e privado), características humanas (ser racional ou ser intuitivo) ou ocupações (motorista de caminhão e emprego doméstico), apenas para citar alguns.

Este capítulo pretende, a partir de uma breve discussão sobre o conceito de gênero, mostrar como ele pode ser útil para entender e atuar sobre uma das questões que me parecem centrais na agenda educacional brasileira hoje: os problemas de desempenho escolar ou as dificuldades de aprendizagem. Muitas outras questões poderiam ser abordadas e não é minha intenção esgotá-las, mas apenas sugerir uma maneira de pensar a educação básica e seus problemas, incorporando um conceito de gênero.

Discutindo o conceito

Diversas definições distintas vêm convivendo no interior dos estudos feministas. Uma primeira utiliza *gênero* como oposto e complementar de *sexo*, como aquilo que é socialmente construído em oposição ao que seria biologicamente dado. Essa definição foi a primeira usada por feministas de língua inglesa a partir do final dos anos 60, para combater a força da categoria *sexo* e suas implicações nas ciências sociais, buscando enfatizar a dimensão social do gênero. Assim, *gender*, uma palavra até então usada principalmente para nomear as formas masculinas e femininas na linguagem, foi apropriada como um termo contrastante com sexo, designando o que era socialmente codificado como masculino ou como feminino[1].

Uma segunda definição de gênero, mais recente, não o opõe a sexo, mas inclui a percepção a respeito do que seja sexo dentro de um conceito socialmente elaborado de gênero, uma vez que assume que as próprias diferenças entre os corpos são percebidas sempre por meio de codificações e cons-

---

1. Desde os anos de 1950, psicólogos e biólogos norte-americanos que estudavam indivíduos hermafroditas e a construção de suas identidades sexuais utilizavam o termo com esse sentido (STOLLER, 1985; MONEY, 1968).

truções sociais de significado. O gênero não seria um conceito útil apenas na compreensão das interações entre homens e mulheres, mas uma parte importante dos sistemas simbólicos e, como tal, implicado na rede de significados e relações de poder de todo o tecido social (SCOTT, 1990; NICHOLSON, 1994). Assim, gênero tem sido cada vez mais usado para referir-se a toda construção social relacionada à distinção e hierarquia masculino/feminino, incluindo também aquelas construções que separam os corpos em machos e fêmeas, mas indo muito além disso. As diferenças ou semelhanças entre os sexos e as interações e relações de poder entre homens e mulheres são apenas parte do que é abrangido pelo conceito de gênero assim definido, e não podem, mesmo elas, ser inteiramente explicadas apenas nesse âmbito, pois estão sempre articuladas a outras hierarquias e desigualdades de classe, raça/etnia, idade, etc.

Dessa forma, por um lado, sexo e gênero não são aqui tomados como opostos e nem mesmo complementares, pois "a sociedade não apenas forma a personalidade e o comportamento, ela também determina as maneiras nas quais o corpo é percebido. Mas se o corpo é ele próprio sempre visto por meio da interpretação social, então o sexo não é alguma coisa separada do gênero, mas, ao contrário, é algo subsumido no gênero" (NICHOLSON, 1994: 79). Uma tal compreensão, nos permite perceber variações históricas e culturais tanto no que se refere a padrões culturais de personalidade e comportamento, quanto na compreensão do corpo, da sexualidade e daquilo que significa ser um homem ou uma mulher.

Por outro lado, potencializa-se a utilização do gênero na análise da sociedade como um todo, não apenas no que se refere às mulheres, ao parentesco e à sexualidade, mas também à dimensão econômica e política e às vidas dos homens tanto quanto das mulheres. Esse enfoque provém especialmente das estudiosas ligadas ao pós-estruturalismo[2], tais como Joan Scott (1990; 1992; 1994) e Linda Nicholson (1994), que enfatizam a necessidade de uma atenção às linguagens e ao papel das diferenças percebidas entre os sexos na construção de todo sistema simbólico, especialmente na significação das relações de poder.

Para essas autoras, os significados seriam construídos a partir da observação da diferença e do contraste; e a diferença sexual seria "um modo principal de dar significado à diferenciação" (SCOTT, 1990: 16). A partir da observação da diferença sexual na natureza, diversos significados culturais são construídos, as diferenças entre masculinidade e feminilidade sendo utilizadas como um meio de decodificar o sentido e compreender o universo natural e humano observado: "Estabelecidos como um conjunto objetivo de referências, os conceitos de gênero estruturam a percepção e a organização concreta e simbólica de toda a vida social" (SCOTT, 1990: 16).

Para as autoras ligadas ao pós-estruturalismo, portanto, o gênero não é um conceito que apenas descreve as interações entre homens e mulheres, mas uma categoria teórica referida a um conjunto de significados e símbolos construídos sobre a base da percepção da diferença sexual e que são utilizados na compreensão de todo o universo observado, incluindo as relações sociais e, mais particularmente, as relações entre homens e mulheres. Esse código pode também servir para interpretar e estabelecer significados que não têm relação direta com o corpo, com a sexualidade, nem com as relações entre homem e mulher, categorizando, em termos de masculino e feminino, as mais diversas relações e alteridades da na-

---

2. Segundo Scott (1992), o pós-estruturalismo seria um corpo teórico desenvolvido principalmente na crítica literária, que ofereceria conceitos úteis à análise feminista, tais como linguagem, discurso, diferença e *desconstrução*. Para definir esses conceitos, a autora apoia-se principalmente em Foucault e Derrida.

tureza e da sociedade, conforme cada compreensão cultural e histórica (CARVALHO, 1999). Por isso falava acima sobre cores, astros, instâncias sociais e atividades humanas como elementos que são percebidos, simbolizados e hierarquizados tendo como referência características de gênero.

As críticas mais pertinentes a essa abordagem, a meu ver, apontam os perigos de uma análise restrita às linguagens, incapaz de abranger igualmente as práticas sociais; e certa tendência a tomar as estruturas das linguagens como um sistema de controle *a priori*, inacessível à intervenção dos agentes (VARIKAS, 1994). Acredito ser possível, contudo, absorver as contribuições postas em primeiro plano pelas feministas pós-estruturalistas – como a atenção ao gênero como construção mutante de significados – sem perder a referência às práticas sociais e às possibilidades de ação dos sujeitos[3].

Adotar uma tal concepção não significa, para mim, abolir nas análises o uso do conceito de sexo, mas evitar um uso ingênuo e não problematizado. Alerta ao fato de que se trata de uma interpretação social e historicamente construída da percepção das diferenças entre corpos de machos e fêmeas, nem por isso podemos desprezar a força das diferenças de sexo e sua presença na estruturação de nossa sociedade: é o sexo que é captado nas estatísticas, é a polaridade entre homens e mulheres, machos e fêmeas, que organiza relações desiguais e hierárquicas no conjunto da sociedade.

Ao mesmo tempo, a distinção entre dois planos de análise – as relações homem/mulher, de um lado, e masculinidade/feminilidade, de outro – permite perceber homens em espaços, relações e valores socialmente associados com o feminino ou o contrário, sem que a pertinência sexual seja a de-

---

3. Nisso minha concepção se diferencia de outras leituras do pós-estruturalismo, também que vigoram no Brasil e enfatizam a construção discursiva do mundo social.

terminante; e permite perceber as referências e o poder explicativo do gênero em contextos em que as questões da sexualidade, reprodução e família não são aparentemente centrais (SCOTT, 1990) – como a arte, a guerra, a política, o trabalho assalariado ou, no nosso caso, o desempenho escolar e a indisciplina.

Homens e mulheres na educação escolar brasileira

Operar com o gênero nessa perspectiva teórica tem sido particularmente interessante para o estudo das políticas educacionais, um tipo de análise raramente desenvolvida no contexto brasileiro[4]. Contudo, antes de passar ao tema que me propus a desenvolver mais detalhadamente, é preciso ter em mãos alguns dados nacionais sobre a presença de homens e mulheres na educação escolar.

A lenta democratização do sistema educacional brasileiro, ao longo da segunda metade do século XX, beneficiou de forma marcante as mulheres. De acordo com dados do Ministério da Educação (MEC/Inep, 2004, 2006) e do IBGE (2004), em 1960 os homens acima de 15 anos de idade tinham em média 2,4 anos de escolaridade e as mulheres 1,9; já em 2003, eles estudavam 6,4 anos em média e as mulheres 6,7. Em 2005, as moças representavam 54% dos alunos do Ensino Médio, e quase 58% dos concluintes. No Ensino Superior, elas são maioria desde os anos 1980 e em 2004 passavam de 62% entre os concluintes, embora concentradas em algumas carreiras, especialmente nas Ciências Humanas, nos ramos auxiliares das Ciências da Saúde e nos cursos de formação de professores.

Estes dados vêm sendo apontados por pesquisadores como Fulvia Rosemberg há algumas décadas (ROSEMBERG,

---

4. São interessantes exceções: Vianna e Unbehaum (2004) e Stromquist (2007).

1982; 1990; 2001) e não são informações recentes. Em texto no qual questiona a utilização da média de analfabetismo da população como indicador adequado para captar essas transformações em curso nos processos de escolarização de cada sexo, Alceu Ferraro (2006) mostra que, tomando-se a taxa de alfabetização por faixa etária, encontra-se uma ligeira superioridade feminina nos grupos de menor idade (5 a 9 e 10 a 14 anos) já no Censo de 1940.

Trata-se de um processo de diferenciação crescente que resulta, por exemplo, no fato de que os homens jovens apresentem índices de analfabetismo funcional (menos de quatro anos de escolaridade) muito mais altos do que as mulheres jovens. Em 2000, 18,5% dos homens e 12,8% das mulheres entre 15 e 24 anos eram analfabetos funcionais (MEC/Inep, 2006). Com relação ao analfabetismo absoluto, na faixa etária entre 15 e 19 anos, encontramos 2,6% dos rapazes e apenas 1,6% das moças (IBGE, 2005). Somente na população com mais de 50 anos de idade o quadro se inverte e vamos encontrar taxas de analfabetismo absoluto de 25,9% para os homens contra 27,7% para as mulheres (idem).

No que se refere à adequação entre série e idade, o atraso na escolarização é menos intenso para as mulheres do que para os homens tanto entre brancos quanto entre negros e em todas as faixas de renda (ROSEMBERG, 2001). Contudo, nos setores médios e entre as famílias mais abastadas, a diferença é significativamente menor do que entre as famílias de mais baixa renda[5]. Do ponto de vista racial, embora o conjunto dos indicadores seja pior para pessoas negras de ambos os sexos, os homens negros (pretos e pardos) apresentam

---

5. Estudos sobre a trajetória escolar de crianças dos setores médios e da elite brasileira são relativamente recentes e em geral não consideram as diferenças entre os sexos (ALMEIDA, 2002; NOGUEIRA, 2002; ROMANELLI, 2000).

maior defasagem idade-série e mais altos índices de analfabetismo do que as mulheres negras.

O importante a reter dessas estatísticas é que, na escola brasileira, não existem problemas especiais de acesso para as meninas decorrentes de seu sexo. Sem dúvida, continuam existindo problemas de acesso e permanência para ambos os sexos, já que, segundo o MEC/Inep, estão fora das escolas cerca de 3% das crianças entre 7 e 14 anos e alguns milhões de alunos com mais de 14 anos ainda estão matriculados no Ensino Fundamental devido a sucessivas repetências e abandonos.

Uma segunda conclusão é, assim, que existe um problema crescente de acesso e permanência na escola para pessoas do sexo masculino, que aparece mais claramente na desproporção entre rapazes e moças que frequentam o Ensino Médio e nas altas taxas de analfabetismo entre os homens jovens no Brasil. Essa situação certamente é familiar a todos os educadores e educadoras que já se viram frente a classes de aceleração, turmas de reforço ou de repetentes compostos em sua grande maioria por meninos e rapazes, quase todos negros e de famílias de baixa renda.

Por que os alunos "tropeçam" mais que as alunas?

Uma das explicações mais frequentemente mencionadas no Brasil para esta situação escolar dos meninos seria sua maior presença no mercado de trabalho, uma vez que a maioria daqueles com dificuldades escolares provém das camadas populares. Segundo essa idéia, eles abandonariam os estudos pela necessidade econômica das famílias. Dados oficiais indicam que, de um total de 5,3 milhões de crianças e jovens entre 5 e 17 anos que trabalhavam em 2004, 3,4 milhões eram do sexo masculino, concentrados na faixa acima de 14 anos (IBGE, 2005).

Contudo, em 2003, entre todas as crianças (7 a 14 anos), 97,6% estavam na escola; 8,6%, além de frequentarem a escola, estavam também inseridas em algum tipo de trabalho, 2,2% estavam fora tanto da escola quanto do mercado de trabalho e apenas 0,6% trabalhava e não estudava (SOARES, 2006). Parece, portanto, que a inserção no mercado de trabalho não é a principal explicação para a evasão escolar, seja de meninas seja de meninos.

Por outro lado, as estatísticas sobre ocupação apreendem de forma precária o trabalho doméstico não remunerado, isto é, a participação das meninas nas tarefas domésticas em suas próprias casas, que aparece como "inatividade". Estudiosas das relações de gênero no Brasil têm discutido a hipótese de que o exercício dessas atividades seria mais compatível com a continuação dos estudos do que o ingresso no mercado de trabalho, o que favoreceria a maior escolarização feminina (ROSEMBERG, 2001; MADEIRA, 1996; BATISTA, 2002). Essas pesquisadoras apontam que as meninas de camadas populares teriam uma percepção positiva da escola como um espaço de socialização, de liberdade e de realização pessoal, em face de seu confinamento em casa devido à participação no trabalho doméstico e às restrições de uma educação tradicional (SANTOS, 2007).

Levando em consideração o significado atribuído ao trabalho infantil, outros estudos, especialmente no campo da Antropologia, revelaram que para muitas famílias de camadas populares o trabalho das crianças não é percebido como contraditório com a escolarização ou mesmo com a infância (COELHO, 1999; DAUSTER, 1992; FREITAS, 1998; HEILBORN, 1996). Particularmente frente ao perigo das ruas à violência e à possibilidade de envolvimento com o tráfico de drogas, o empenho de certas famílias em encaminhar o menino ao trabalho pode significar um esforço para melhorar ou complementar sua educação, e não é percebido como contraditório com os estudos. Além disso, para essas famílias, o trabalho seria importante para a aprendizagem da própria disciplina laboral e dos mecanismos que regem o mundo do trabalho.

Temos também indicações suficientes de que a opção pelo trabalho remunerado entre as famílias de baixa renda muitas vezes vem como decorrência de uma trajetória escolar já marcada pelas dificuldades e repetências. Isso foi constatado em estudos sobre as relações entre trabalho infantojuvenil e fracasso escolar desenvolvidos no Brasil ao longo dos anos de 1990, como aponta Alda Alves-Mazzotti (2002). A partir de uma revisão desses estudos, essa autora indica uma inversão no sentido de causalidade proposto pela literatura educacional até os anos de 1980 – e ainda muito presente tanto na literatura acadêmica brasileira quanto entre os professores e professoras – para o qual o trabalho infantojuvenil é que causaria o fracasso escolar. Na verdade, parece que ambos os fenômenos são "consequências dos mecanismos excludentes que perpetuam a pobreza" (p. 89) e que as experiências de dificuldade vividas pelos jovens na escola – tais como a repetência, as práticas agressivas e humilhantes de disciplina e as relações conflituosas com os professores – são motivadoras tanto do desejo de abandonar os estudos quanto do ingresso no trabalho.

Ora, no interior das escolas, os principais problemas de disciplina, tanto em quantidade quanto em relação à gravidade das transgressões, referem-se a alunos de sexo masculino (MOREIRA & SANTOS, 2002; CARVALHO, 2001, 2004; SANTOS, 2007). Assim, Rosemberg e Freitas, invertendo a causalidade habitual, afirmam que "o fato de meninos apresentarem piores resultados escolares que as meninas pode explicar, em parte e indiretamente, sua maior participação no mercado de trabalho" (2002: 111). Dessa forma, parece-me fundamental pesquisar os processos internos à escola e não atribuir as dificuldades acadêmicas dos meninos apenas à pobreza e ao mercado de trabalho.

O que pensam as professoras

Com este objetivo, tenho desenvolvido pesquisas sobre o cotidiano em classes das quatro primeiras séries do Ensino Fundamental, procurando entender principalmente como as professoras avaliam o desempenho escolar de meninos e meninas. Gostaria de comentar a seguir alguns dos resultados de um estudo levado a cabo com crianças e professoras de uma escola pública no Município de São Paulo, entre 2000 e 2004, por meio de entrevistas e observações.

A pesquisa descrita abrangeu o conjunto de 240 crianças das classes de 1ª a 4ª séries de uma escola que atendia alunos do Ensino Fundamental e Médio e apresentava condições de funcionamento adequadas e professoras bem formadas[6]. Todas as classes contavam com trinta alunos e mesclavam crianças provenientes de setores populares, médios e médios intelectualizados, abrangendo um grupo bastante heterogêneo em termos socioeconômicos e culturais. Desde 1999, adotara-se o sistema de avaliação por conceitos com dois ciclos no Ensino Fundamental (de 1ª a 4ª e de 5ª a 8ª séries), ao final dos quais poderia haver retenção. Existia um sistema de recuperação paralela ao longo do ano, chamado de "oficinas de reforço", que era oferecido pelas professoras de classe aos alunos que elas próprias indicavam, em horário diferente das aulas regulares.

O foco central do trabalho foram os critérios de avaliação adotados explícita ou implicitamente pelas professoras. Pude constatar a grande dificuldade encontrada pela equipe escolar para definir com clareza objetivos de aprendizagem e critérios de avaliação, uma dificuldade em verdade partilhada pelo conjunto do sistema escolar brasileiro e até mesmo no plano internacional (PERRENOUD, 2003). As professoras afirmavam avaliar os alunos a partir de uma multiplici-

---

6. Todas as professoras das séries iniciais eram do sexo feminino.

dade de instrumentos: trabalhos individuais sem consulta, do tipo "prova", trabalhos em grupo feitos em classe e em casa, participação nas aulas, lições de casa, testes orais, etc. E diziam levar em conta tanto o desempenho propriamente dito, quanto o que denominavam "participação", "compromisso do aluno" ou "relação da criança com o cotidiano da escola". Nas palavras de uma delas:

> Olha, eu acho que existe um [critério] de aprendizagem mesmo, de assimilação daquilo que a gente trabalha em classe. E também a participação da criança na aula, o interesse dela de estar participando na aula. Basicamente é nessa participação, nessas atividades que a gente vê o envolvimento do aluno, acho que esse é um critério forte. Além logicamente da aprendizagem, se ele assimilou ou não o que a gente está conversando (Aparecida).

Dessa forma, nas entrevistas com as professoras, pedi que elas indicassem as crianças que consideravam como "bons alunos", "alunos indicados para as oficinas de reforço" e "alunos que causavam problemas de disciplina", procurando, portanto, distinguir o desempenho propriamente acadêmico do comportamento. Além disso, as professoras foram solicitadas a caracterizar cada criança de acordo com os critérios de cor do IBGE, a elas apresentados por escrito[7].

---

7. O conceito de raça adotado é o de "raça social", conforme explicitado por Antônio Sérgio Alfredo Guimarães, isto é, não se trata de um dado biológico, mas de "construtos sociais, formas de identidade baseadas numa ideia biológica errônea, mas eficaz socialmente, para construir, manter e reproduzir diferenças e privilégios" (1999: 153). Utilizei nos questionários a classificação usada pelo Instituto Brasileiro de Geografia e Estatística (IBGE – branco, preto, pardo, amarelo e indígena), e na análise seu agrupamento em termos mais propriamente raciais: um grupo de brancos e um de negros, composto por aqueles classificados como pretos ou como pardos. Amarelos e indígenas foram extremamente minoritários neste estudo.

Assim verifiquei que, em 2002, enquanto os meninos eram 49% na escola, eles representavam 65% dos indicados para reforço. Já as meninas, sendo 51% na escola, eram apenas 34% das turmas de reforço. As crianças classificadas como negras (pretas ou pardas) pelas professoras representavam 28% de todas as crianças da escola, mas nas turmas de reforço essa proporção era de 38%. No que se refere à renda familiar, os alunos e alunas cujas famílias declararam renda mensal até cinco salários mínimos[8] eram 22% do total da escola, mas 36% entre os indicados para o reforço. Já aqueles provenientes de famílias com renda acima de 20 salários mínimos mensais representavam apenas 13% do total de alunos e estavam em proporção ainda menor no reforço, que foi de 6%. Isso significa que mais da metade das crianças na faixa de renda mais baixa estavam no reforço, enquanto o mesmo acontecia com apenas 15% daquelas pertencentes à famílias com renda mensal acima de 20 salários mínimos.

As meninas: diferentes feminilidades

No caso das duas professoras de 4ª série, que foram acompanhadas mais detidamente no ano de 2000[9], era nítida a diferença de percepção quanto ao desempenho de meninos e meninas: enquanto Laís respondeu prontamente à questão se havia alguma característica comum no grupo de alunos com dificuldades escolares, dizendo que "o número de meninos é maior e vai se acentuando [de uma série para outra]"; Célia mencionou as "famílias desinteressadas", reproduzindo um discurso bastante difundido na cultura escolar brasileira e internacional. Essa diferença de percepção pode estar articula-

---

8. Na época da pesquisa, o salário mínimo equivalia a 100 dólares mensais.

9. Ambas as professoras lecionavam para as duas classes de 4ª série, uma ensinando Português, História e Geografia e a outra Matemática e Ciências. Todos os nomes de pessoas são fictícios.

da a uma visão mais crítica das relações de gênero no discurso de Laís, que chegou a frequentar disciplina relacionada ao tema durante seu curso superior. Todavia, Célia, que não mencionou o sexo como característica marcante dos alunos indicados para atividades de recuperação, tendia a citar mais meninas que meninos como exemplo de bons alunos:

> [Me fala o que seria um bom aluno de uma de suas classes, um exemplo.] Célia: Olha, deixa eu ver, uma boa aluna ... vou falar alguns nomes de bons alunos aqui da 4ª II [consulta lista de alunos]: Alice, que é uma boa aluna; Ana Paula, Cláudio é um bom aluno. Marieta é uma excelente aluna (Célia).

Vale a pena chamar a atenção para a passagem feita pela professora do gênero masculino, no qual foi formulada a pergunta, para o feminino, ao pensar em exemplos. Frente ao fato de ela ter consultado a lista de alunos que estava sobre a mesa, poder-se-ia pensar que sua escolha estivesse influenciada pela ordem nessa lista, pois havia mais nomes femininos com as primeiras letras (A e C). Entretanto, ela pulou rapidamente para a letra M, após mencionar Cláudio[10]. E, no conjunto da entrevista, doze meninas e nove meninos foram mencionados como "bons" ou "excelentes" alunos. Também cabe destacar que foram classificadas por Célia como brancas 16 dessas 21 crianças citadas por ela espontaneamente como "bons alunos". As exceções foram um menino classificado como pardo, uma menina e um menino como amarelos e um menino e uma menina pretos.

O sentido subjetivo dessa *branquitude*[11] pode ser avaliado, entre outras situações, pelo fato de que três dos "bons

---

10. Apesar de serem fictícios, foi mantida a primeira letra dos nomes desses alunos.

11. Este termo vem sendo utilizado como tradução para *whiteness*, para designar o pertencimento racial dos brancos. Cf. por exemplo Carone e Bento, 2003.

alunos" vistos como brancos por Célia foram classificados como pardos por Laís (duas meninas e um menino). Contudo, não houve qualquer discrepância entre as opiniões das professoras na classificação das crianças indicadas para atividades de reforço ou que tiveram problemas disciplinares formalizados (advertência ou suspensão) em 2000. Além disso, 12 das 21 crianças classificadas como "bons alunos" pertenciam a famílias com renda mensal acima de 10 salários mínimos e somente 7 à famílias com renda inferior a essa (não temos informação sobre duas delas).

Assim, parece que não apenas se reconhecia a existência de problemas escolares maiores entre os meninos, como a imagem de "bom aluno" estaria mais associada às meninas brancas, talvez a um certo perfil de feminilidade. Pois, de acordo com as falas dessas professoras, o "bom aluno" seria "quem participa; quem consegue ter um elo legal com o grupo; quem se envolve com a escola" (Laís). E muitas meninas eram descritas como boas alunas, mas sem essas características, o que ofuscaria suas qualidades:

> A Marieta é uma excelente aluna, mas ela raramente questiona, ela é muito certinha, sabe aquela criança muito certinha, muito CDF, até demais? [...] Alice, que entrou esse ano na escola, é daquelas também assim CDF, aquela que não pisca na aula... não questiona, nada, nada... [...] Ela é muito tímida, ela tem um problema na fala também, então a gente percebe que ela evita, fala pouco e tal. **Mas** é uma boa aluna (Célia, ênfase minha).

Quem efetivamente se encaixava no perfil de "excelente aluno", participativo, crítico e ao mesmo tempo cumpridor das tarefas, rápido na aprendizagem e organizado, era um pequeno número de meninas questionadoras e, especialmente, um grupo significativo de meninos, quase todos vistos como brancos ou brancas pelas professoras. Sobre um desses meninos, Célia disse: "Aquela criança compenetrada, equilibrada, todo certinho, mas **de um jeito legal**" (minha ênfase). Assim, enquanto o menino bom aluno era descrito como "bem-humorado", "uma liderança positiva", "engraçado", "curioso", "danado fora da sala de aula", muitas meninas eram apontadas como boas alunas, apesar de serem caladas e não questionadoras.

Este tipo de postura ambígua das professoras e professores frente às meninas tem sido encontrado em inúmeras pesquisas e descrito em termos muito semelhantes em diferentes países, sendo interpretado a partir de variadas grades teóricas. No Brasil, a pesquisa de Silva e colaboradores (1999) fala de meninas percebidas como responsáveis, organizadas, estudiosas, sossegadas, caprichosas, atentas, "mas menos inteligentes" e de meninos "agitados, malandros, dispersivos, indisciplinados, mas inteligentes". Já Valerie Walkerdine (1995), a partir de investigação desenvolvida na Inglaterra, comenta a discrepância na avaliação dos docentes frente a meninos e meninas, cujos comportamentos "não são lidos de uma forma equivalente": enquanto o bom desempenho escolar das meninas era atribuído ao seu esforço, o desempenho inferior dos garotos era percebido como não realização de um potencial brilhante devido a seu comportamento ativo, lúdico. Rob e Pam Gilbert (1998), autores australianos, referem-se a diversos outros estudos que sustentam esses achados, indicando que professores e professoras frequentemente preferem ensinar aos meninos, que são considerados como mais interessantes e mais inteligentes. Da mesma forma, em pesquisa conduzida em escolas inglesas, Molly Warrington e Michel Younger (2000) descrevem professores/as que, apesar de elogiarem as meninas por sua responsabilidade e compromisso, preferem os garotos, além de estarem dispostos a gastar mais tempo com eles, por considerá-los mais estimulantes, mais vivos na discussão, e mais originais, com opinião própria.

A ausência desse caráter ativo e estimulante parecia ser o grande problema das meninas na escola aqui estudada. O caso extremo da realização de um tipo de feminilidade submissa foi exemplificado na figura de Ana, a única menina das turmas de 4ª série de 2000 com conceitos "NS" (não satisfatório) durante todo o ano, e que foi também a única criança reprovada. Certos traços de uma feminilidade dócil e estereotipada eram insistentemente lembrados nas descrições de Ana feitas pelas professoras:

> Ana tem um caderno **impecável**. Você pega o material dela é im-pe-cá-vel, tudo bonitinho, rosinha, vermelhinho, azulzinho, tudo cheio de fru-fru, florzinha no caderno e tal. É daquelas assim, que passa a aula inteira de cabeça baixa. Quando você vai ver o quê que está fazendo, não está fazendo nada do que tem de ser feito... Ela é uma ótima escriba, o que tem que copiar ela copia rapidinho, mas na hora de pensar, ela tem muita dificuldade... E é uma criança que vem nas aulas de oficina [reforço], tem uma frequência boa na escola, raramente falta. Mas ela tem muita dificuldade (Célia, ênfase na fala).

Com menor ênfase, os mesmos traços aparecem na descrição de Marisa, outra menina que esteve nas oficinas de reforço:

> Uma das alunas que ficou comigo do começo do ano até o mês passado na oficina, é uma aluna assim: quietíssima, que não tem problema nenhum de indisciplina, que não conversa fora de hora, e que [tem] um caderno superbonitinho, bem caprichado, uma coisa maravilhosa. À primeira vista, perfeito. Mas ela tinha muita dificuldade na produção de texto, precisava estar dando uma força nisso (Laís).

Vivenciando intensamente uma feminilidade assentada na obediência às normas, na organização e na submissão, essas meninas falhavam, do ponto de vista das professoras, por não terem criatividade, voz própria, autonomia e, portanto, participarem pouco, não serem questionadoras, não terem papel de liderança no grupo. Nesse caso, uma forte adesão a um padrão de feminilidade diferente daquele das professoras, parecia comprometer o sucesso escolar dessas meninas.

É interessante, contudo, ouvir a explicação da própria Ana para suas dificuldades, conforme ela relatou em conversa gravada com um grupo de três crianças com dificuldades escolares:

> A gente não é muito bom na escola, né, Daniel? A gente não estuda muito. A gente não estuda na prova. [Mas você não estuda por quê?] Porque não tenho tempo para estudar. [Por quê? O que é que você faz?] É porque de manhã, por sinal que eu fico dormindo um pouco. Aí depois minha mãe me liga, para eu arrumar a casa. Aí como que eu vou estudar? Dá meio-dia e eu ainda estou arrumando a casa, aí meu pai chega para me trazer para escola. [E o que você faz na sua casa?] A minha casa, eu arrumo meu quarto, o quarto da minha mãe, passo pano, lavo louça, faço tudo. [...] Moro com minha mãe, com meu pai, com minha irmã. Só (Ana).

Nem as professoras nem a orientadora pedagógica da escola pareciam conhecer esse outro lado da história de Ana, uma menina branca, vivendo numa família nuclear completa, com situação econômica estável. Na família, ela era chamada, segundo as professoras, de "anjinho". Embora o trabalho doméstico não possa ser tomado, de maneira abstrata, como explicação ampla e linear para as dificuldades escolares de alunas[12], no contexto específico de Ana ele parece indicar uma certa posição da menina no interior da família, inteiramente coerente com os estereótipos que ela reproduzia na sala de aula, com seu silêncio, sua submissão, sua conformidade às regras, ser uma "boa copista e nada mais".

Mas uma terceira faceta de Ana apareceu também na entrevista com o grupo de alunos, quando ela relatou que havia

---

12. Essa crítica é apresentada, por exemplo, em Rosemberg (2001).

brigado no recreio e protestou contra os boatos que circulavam a respeito de sua eventual reprovação ao final do ano:

> Eu peguei ela, na briga que teve na hora do recreio. Por que ela fica xingando a gente de metida. [...] Aí um dia eu peguei, peguei ela por aqui [gesto] e falei: "olha, menina, você está pensando que a gente é o quê? E você?" E também não gostei de ontem lá, do boato que teve na escola... (Ana).

Assim, parece que a submissão e o silêncio de Ana tinham endereço certo – as professoras e a família –, mas não eram absolutos, pois podiam ser rompidos em espaços de maior liberdade como o recreio e frente a seus pares, indicando a possibilidade de ela vir a expressar essa voz, assertividade e autonomia também no processo de aprendizagem escolar. Isso, entretanto, implicaria em alterações na maneira como Ana expressava sua feminilidade e nos padrões das professoras sobre o comportamento adequado às "boas alunas", questões que pareciam totalmente opacas para os adultos da escola.

Outros comportamentos ligados à manifestação mais explícita de aspectos da feminilidade também eram, aos olhos das professoras, pouco propícios ao sucesso escolar:

> Elas estão muito mais numa fase de paquera, de descobrir: "eu gosto de fulano", gostar do mesmo menino e... até essa coisa do fuxico, essa coisa pequena do fuxico que tem muito nessa idade. Tem aquelas patricinhas que sempre estão todas arrumadinhas, batonzinho. [...] Elas também têm cadernos impecáveis, mas a coisa vai muito mais do lado sedutor, daquela coisa sensual, do sorrisinho, do mexer cabelo... Nossa! Cabelo... (Célia).

Por causa dessas descobertas sentimentais, atribuídas pelas professoras a um amadurecimento fisiológico que seria característico da pré-adolescência, algumas meninas até então bem-sucedidas estariam "caindo de rendimento", ficando distraídas, não concluindo tarefas, deixando de prestar atenção à aula para falar sobre namorados, trocar bilhetinhos, ou porque ficaram pensando, pois "estão apaixonadas". Observações nas classes de 4ª série indicaram, efetivamente, o envolvimento de grande parte das crianças de ambos os sexos em conversas sobre namoro, com troca de bilhetes, intrigas, idas e vindas das carteiras e até das salas de aula, além de grande interesse por temas ligados à sexualidade e à intimidade amorosa (procura por livros, conversas, perguntas às professoras e pesquisadoras).

Segundo as professoras, para algumas meninas esse despertar da sexualidade, com a incorporação de uma série de características de uma feminilidade sedutora, estaria atrapalhando o desempenho escolar, mas elas, chamadas a conversar, buscavam naquele momento formas de conciliar as novas preocupações com suas tarefas escolares. Frente a essas meninas mais erotizadas, atitudes como as de Ana eram qualificadas pelas professoras como "infantis": "a Ana é mais infantil. É engraçado, porque a gente vê a Ana andando com crianças da 2ª, crianças da 3ª [série]. Ela não se mistura muito" (Laís).

Assim, a adesão a padrões de feminilidade mais explícitos ou acentuados tendia a ser avaliada como negativa frente ao desempenho escolar das meninas, sejam esses padrões associados à submissão e ao silêncio, seja à erotização e à sedução. Alícia, por exemplo, foi descrita por Célia como "excelente aluna, responde superbem às coisas da escola", mas, tendo se envolvido numa briga perpassada de conotações sexuais com um colega, era apresentada como "muito bonita, corpo já de mulher e se veste toda ... [gesto de sensualidade], com sombra verde nos olhos, minissaia". Comentando o caso no conselho de classe, Laís insistiu na qualificação da menina como provocante e sensual, adjetivos que tomavam sentido pejorativo em sua fala.

Barrie Thorne, etnógrafa norte-americana, descreve situações muito semelhantes em escolas de seu país, onde ela observou meninas de até 9 anos, já com seu desenvolvimento físico quase completo, serem tratadas pelos educadores como "desviantes e até mesmo corrompidas ou viciosas" (1997: 14, minha tradução). Thorne chama a atenção para a dificuldade de nossa cultura e, em particular, do sistema escolar, fundamentado na classificação etária, em lidar com a sexualidade infantil e com as diferenças individuais nos ritmos de desenvolvimento.

Talvez se possa afirmar que o padrão de feminilidade mais valorizado pelas professoras era próximo daquele dominante entre os setores médios intelectualizados, uma feminilidade que rejeita a afirmação exacerbada das diferenças de gênero e propõe um padrão de mulher mais independente que submissa e mais assertiva que sensual. Nem sempre as alunas, porém, partilhavam dos mesmos referenciais.

Os meninos: a dose certa de masculinidade

Apesar de 13 crianças das 4as séries da escola terem sido indicadas para as oficinas de reforço ao longo do ano de 2000, apenas quatro tinham conceitos não satisfatórios em seus boletins: Ana, Mateus, Lucas e Daniel. Segundo ambas as professoras, a principal característica desses quatro alunos era a apatia: "E o que eu sinto é isso, essa apatia e essa questão assim... parece que independente do que eu faça, eu não [os] atinjo" (Laís).

No caso dos meninos, contudo, eles eram também acusados de serem desligados, esquecidos ("Parece que vive em outro mundo", Célia); faltarem muito, até mesmo nas oficinas de reforço; não mostrarem "compromisso com a escola"; não perguntarem, não questionarem e não reagirem às admoestações e incentivos das educadoras ("Mesmo se dá uma bronca nele, ele parece que tanto faz como tanto fez", Célia); serem desleixados com seu material escolar, desorganizados, e até mesmo pouco limpos ("Enfim, ele não tem... até aquela coisa da limpeza, sabe? Limpeza de caderno, limpeza de material, limpeza de mochila...", Célia). Estas características são opostas àquelas encontradas nas meninas com dificuldades, ambas assíduas, organizadas, obedientes e comprometidas.

Parecem ser, portanto, apatias de naturezas diversas, intrinsecamente articuladas a certas características de feminilidade e masculinidade: uma apatia decorrente do excesso de submissão e obediência e outra, de desleixo, descompromisso e desinteresse. Nesse sentido, a postura dos meninos com dificuldades de aprendizagem frente à escola era percebida como mais rebelde e mais assertiva.

Os cadernos das crianças eram um elemento que, na avaliação que as professoras faziam de seus alunos, simbolizava de forma bastante intensa essas diferenças de gênero, verdadeira materialização de uma simbologia de masculinidade e feminilidade. Como ficou evidente nas citações acima, em que falavam sobre Ana, tanto Célia quanto Laís comentaram bastante os cadernos e os materiais das crianças, considerados como parte daquilo que devia ser observado para compor o conceito atribuído ao aluno ou aluna:

> Ele é uma criança que falta bastante, bastante, não tem assim o mínimo comprometimento com a escola, de perder caderno... de Matemática ele nunca perdeu nada, de Português já no primeiro mês de aula, ele perdeu tanto de Português quanto de História e Geografia. Conseguiu perder os dois cadernos! (Laís).

> Os cadernos dele são completamente bagunçados, uma coisa começa aqui e termina lá... [...] A gente sente que isso não está bem resolvido para ele (Célia).

De forma autocrítica, Laís contou ter-se seduzido inicialmente pela forma que classificava como feminina de organizar os cadernos, que ela chamava de "cadernos cor-de-rosa":

> Inclusive, eu comecei a dar uma incentivada na história dos cadernos cor-de-rosa, fui me pegar depois. É incrível como visualmente você acaba se encantando,

> aquela letrinha redondinha, aquela coisinha bem organizada e tudo. [...] Então, quando comecei a olhar o caderno, o primeiro mês que eu olhei caderno eu me vi tentada a gostar mais das florzinhas, dos caderninhos cor-de-rosa. Aí eu comecei a me policiar, no ponto de assim: o que é que eu quero do caderno, como professora? Uma determinada organização que dê para ler e que o caderno esteja completo. Isso, sem cobrar cor-de-rosa, florzinha (Laís).

Laís reconhecia fazer uma associação entre feminilidade e cadernos bonitos, enfeitados e bem organizados, mas enfatizava a existência de meninas com cadernos fora desse padrão:

> Tem assim, meninas com letras maravilhosas e meninas excelentes alunas com letras esgarçadas e uns cadernos sem os "cor-de-rosa". Tem excelentes alunas que o caderno se você olhar você acha com cara de caderno de menino. Com aquela carona de caderno de menino (Laís, ênfase na fala).

Ao mesmo tempo, apontava o caso isolado de um aluno cujo caderno tinha sido até mesmo confundido com "caderno de menina", quando o levou para casa para corrigir, apesar de reconhecer, entre os próprios garotos, a existência de preconceitos contra caprichar nos cadernos: "há os cadernos desleixados, como quem diz: 'florzinha é para menina, não vou caprichar no meu'. Existe isso. Existe esse mito". Mas os bons alunos seriam exatamente aqueles capazes de "se impor", na expressão da professora, e ao mesmo tempo produzir cadernos organizados e caprichados. Sem dúvida, há aqui toda uma questão a ser investigada na sociabilidade entre os próprios meninos, a fim de avaliar em que medida as pressões entre pares, a partir de certos referenciais de masculinidade e de heterossexualidade, interferem em seu comportamento frente à escola, à professora e às tarefas e, por consequência, também em seu desempenho escolar.

Do ponto de vista das professoras, os cadernos pareciam, portanto, materializar certas características relativas ao gênero, expressando feminilidade por meio da limpeza, organização, cores, capricho e enfeites e masculinidade por meio de desleixo, desorganização, sujeira. E, neste caso, o bom desempenho estaria relacionado às características tidas como femininas, independentemente do sexo do dono ou dona do caderno.

Se parecia, pois, ser complicado para as meninas equilibrar frente às professoras o bom desempenho na escola com características associadas à feminilidade, como a passividade ou a sedução, para os meninos também era complexa a articulação entre ser percebido como másculo e, ao mesmo tempo, como bom aluno. O caso de Frederico, o menino com "caderno de menina", é um bom exemplo dessa verdadeira "corda bamba":

> Eu tenho um aluno, o Frederico, um excelente aluno, que eu olhando o caderno um dia na minha casa, eu abri o caderno e mostrei para minha irmã e falei assim: "Olha o caderno dessa menina, como é caprichado..." "Nossa! Caprichosa sua aluna", ela falou. Até brinquei com eles [os alunos], contei essa história, que parecia caderno de menina, brinquei com ele (Laís).

Laís enfatizava o descompasso entre a postura de Frederico em sala de aula e a produção no caderno, pois se tratava de um menino agitado e irreverente, como confirmaram as observações em classe. A professora o descreveu como "o tipo do garoto que, se você olhar só a aparência, vai dizer que é péssimo aluno". Efetivamente, em sala de aula, ele falava o tempo todo, mexia com os colegas, levantava-se, circulava, saía e entrava, permanecendo longos períodos fora da sala de aula e, ao voltar, sempre procurava formas de chamar a atenção (ruídos com os pés, assovio, tapinhas nas costas de um e outro, etc.). Seu comportamento não parecia, contudo, incomodar nem a professora, nem seus colegas, que recebiam com condescendência suas brincadeiras.

Frederico, Cláudio e mais uns poucos meninos, a maioria classificados pelas professoras como brancos e, de acordo com os dados disponíveis, pertencentes a famílias de setores médios, conseguiam equilibrar, na avaliação das educadoras, um bom desempenho escolar com a dose adequada de masculinidade, expressa por meio de certo distanciamento crítico, uma adesão ambígua e não submissa às regras da instituição escolar e uma pitada de desafio e bom-humor, mantendo certa autonomia e a voz própria.

Talvez eles estivessem entre aqueles que, de acordo com os Gilbert (1998), são meninos que aprenderam como desempenhar (*perform*, no original) uma versão bem-sucedida de masculinidade dentro da sala de aula, ganhando assim tanto o reconhecimento de seus professores quanto o respeito de seus colegas. São garotos que desenvolvem a habilidade de equilibrar-se entre o mundo do pátio de recreio, da cultura dos meninos e o mundo da sala de aula, descobrindo ou inventando uma posição masculina bem-sucedida em meio a essa tensão.

Dessa forma, é possível que suas atitudes "desordeiras" fossem a base principal para os problemas escolares que parte dos meninos enfrentava (aqui incluídas as indicações para o reforço), mais do que propriamente dificuldades de aprendizagem, levando a uma diferenciação entre o dia a dia da escola e aquilo que pode ser captado, por exemplo, em testes padronizados. Muitos autores estrangeiros mencionam a mesma situação em diferentes contextos internacionais, destacando a maior presença dos meninos nas classes e atividades de reforço ou de atendimento especial, frequentemente em decorrência mais de sua indisciplina do que especificamente de dificuldades de aprendizagem (LINGARD & DOUGLAS, 1999; JACKSON, 1998; HEY et al. 1998).

Num artigo em que sintetiza o estado dos debates sobre o desempenho escolar dos meninos, Robert Connell (2000) destaca a importância da estrutura de autoridade da escola para certos tipos de construção de masculinidade vivenciados por alguns meninos e rapazes, na medida em que essa estrutura se torna "o antagonista principal contra o qual se modela a masculinidade de alguém, isto é, é no enfrentamento desta estrutura que o sujeito afirma sua masculinidade" (p. 144, minha tradução). Trata-se de garotos que desenvolvem uma "masculinidade de protesto", por meio do desafio à autoridade, muito familiar nas escolas de classe trabalhadora.

O autor destaca ainda que os meninos engajam-se nessas práticas não porque são dirigidos a elas por hormônios da agressividade, mas para adquirir ou defender prestígio, para marcar diferenças entre seus pares e para obter prazer, transformando o ato de quebrar regras numa parte central de sua construção de masculinidade, particularmente quando não têm outras fontes para obter esses fins, entre elas o próprio sucesso acadêmico. Outros autores e autoras sublinham a importância das associações feitas, no contexto das culturas infantis e juvenis, entre bom desempenho acadêmico e bom comportamento, de um lado, e efeminação ou homossexualismo, de outro (JACKSON, 1998; EPSTEIN, 1998), mostrando que a cultura escolar e também as atitudes de educadores e educadoras reforçam essas associações, gerando medos e ansiedades sobre a própria masculinidade para muitos garotos. O resultado, frequentemente, é a indisciplina e a agressividade.

Na escola pesquisada, a tendência dos profissionais era de atribuir as diferenças no comportamento de meninos e meninas à educação familiar ou à natureza ("meninos são assim mesmo", "essa fase é assim"):

> É porque os meninos, nessa fase, eles são mais curiosos, eles são mais agitados mesmo do que as meninas. Eles falam mais. Eles estão fazendo uma atividade e levanta um para falar com outro que está lá do outro lado da sala fazendo a atividade dele. É uma movimentação maior que os meninos têm. As meninas já

> são diferentes, acho que por tudo, né? A mulher é diferente na educação familiar. Os meninos já são deixados mais soltos. [...] Eu acho assim, que dentro da sala de aula os meninos são mais agitados, são muito mais agitados do que as meninas. Tem meninas agitadas, claro que tem. Mas se for ver enquanto grupo, os meninos são mais agitados (Milene).

Essa postura também foi localizada entre professoras e professores em outros países. No texto já mencionado, Connell (2000) destaca o quanto os professores se sentem, no que tange às masculinidades, confrontando poderosas forças externas à escola, padrões e estereótipos adquiridos pelos alunos na socialização familiar ou através da mídia. Contudo, é preciso perceber que, embora não isolada, a escola também cumpre um papel importante na construção das diferentes masculinidades por meio dos conteúdos aprendidos além de práticas, linguagens e comportamentos, como, por exemplo, a estrutura disciplinar.

A pesquisadora inglesa Christine Skelton (2001), estudando escolas primárias da região metropolitana de Londres, imersas numa realidade social em certos aspectos muito próximas às periferias urbanas no Brasil, enfatiza que, para enfrentar os problemas de disciplina e desempenho dos meninos, "é necessário para a escola identificar as formas específicas de masculinidade que operam em seu entorno e, ainda mais importante, reconhecer o padrão dominante de masculinidade que a própria escola constrói e desempenha" (p. 80, minha tradução). Ela destaca que, em especial nas escolas primárias, essas formas estão incorporadas nas estratégias de controle e manejo de classe, nas formas de organização mais cotidianas e nos tipos de masculinidade valorizados por meio dos conceitos predominantes do que é um "bom aluno" ou um "aluno adequado".

Na escola por mim estudada, um grupo de meninos – em geral brancos e provenientes de famílias de setores médios intelectualizados – aparecia nas falas das professoras como "excelentes" ou "brilhantes". Como já indicado, raramente meninas faziam parte desse grupo seleto de crianças, que eram referência também para seus pares. Tal como Frederico, descrito acima, não eram garotos passivos e obedientes, mas, ao contrário, alunos com bom desempenho acadêmico, mas também muito "agitados", "perguntadores", "críticos" e mesmo "indisciplinados", como descrevem essas duas professoras:

> R. é um bom aluno. Ele é do mesmo tipo do B., ele vai muito bem... Eles fazem todas as atividades, eles vão bem, eles aprendem, só que não podem ficar um minuto sem atividade. [...] Se a gente fica chamando a atenção, eles até ajudam os outros, mas eu tenho de determinar. Você acabou, você vai ajudar fulano. Senão fica na classe fazendo bagunça. [...] Ficam só correndo, zanzando. Mas outros alunos não conseguem. Como eles são bons e rápidos, enquanto eles estão fazendo [a atividade] nem bagunça tem, a classe está quieta, só que no momento que eles acabaram ninguém mais pode trabalhar, porque eles acham que acabaram e ninguém tem mais nada para fazer. Isso não acontece porque a gente não permite, mas é uma atividade diária de estar chamando a atenção, pedindo para esperar, ou dar outra atividade, trabalhos com exercícios diversificados, desafios para esses alunos mais rápidos e espertos (Marilisa).

> O V., por exemplo, é um aluno excelente, é um aluno brilhante, eu sei que eu faço pouco por ele em sala de aula, porque ele poderia ir além do que eu estou dando, e isso muitas vezes é o problema da indisciplina. [...] A gente acaba sempre não olhando tanto para os alunos que precisam, intelectualmente, mais. A gente sempre fica mais preocupada com... Eu acho que às vezes o problema de indisciplina do V. é isso, ele queria mais coisas (Aparecida).

Nestes meninos mandões, agitados, pouco atentos às necessidades dos outros, a desobediência e a indisciplina apareciam como compreensíveis, aceitáveis. A atitude das professoras na verdade parece conter não apenas condescendência, mas também admiração e aprovação, e elas culpavam a si mesmas por não lhes oferecerem estímulos suficientes. Esse referencial de masculinidade passava a ser considerado um problema apenas quando outros garotos menos "rápidos e espertos" tentavam seguir os mesmos padrões de comportamento ou tentavam obter prestígio por meio de uma "masculinidade de protesto". Não se trata, portanto, do fracasso escolar dos meninos, mas de uma parte deles e faz-se necessário perceber a variabilidade dos próprios critérios de avaliação das professoras.

Quando aquela "dose de masculinidade" era percebida por elas como exagerada ou inadequada, passava a ser qualificada como "desleixo, desinteresse e apatia", no caso dos meninos com conceito negativo (na sua maioria percebidos como negros); ou como "indisciplina e agressividade", que predominavam no julgamento daqueles que, apesar de um desempenho "mediano em sala de aula", tinham constantes problemas disciplinares. Um dos garotos que participavam do reforço, Daniel, expressou muito claramente esse difícil equilíbrio, ao comentar o comportamento dos "bons alunos" de sua classe: "Eles *zoam*, mas eles prestam atenção e conseguem fazer..." Daniel parecia perplexo ante essa capacidade demonstrada por alguns de seus colegas. Por que a escola considerava que alguns meninos erravam na dose? Por que era mais difícil para uns que para outros construírem um padrão de masculinidade percebido pelas professoras como compatível com o sucesso acadêmico?

Para as crianças, o que caracterizava um bom aluno era antes seu comportamento que suas notas. Na percepção delas, as avaliações escolares estavam baseadas tanto no comportamento quanto no desempenho propriamente, o que não correspondia à percepção que as professoras tinham de seus próprios critérios. Pois nas suas falas, alunos e alunas que "fazem tudo o que a professora quer" não seriam avaliados como excelentes e haveria uma relação muito tênue entre atitudes e desempenho na aprendizagem.

> E se a questão da indisciplina influencia ou não o desempenho, não sei se isso é **muito** claro. Que a indisciplina influencie, acredito que influencia. Os três que tiveram problemas agora com a orientação [pedagógica] têm algumas dificuldades, mas estão com S [conceito satisfatório]. E, por incrível que pareça, os três que estão com NS [não satisfatório], eu não tenho tido problema de indisciplina com nenhum deles (Laís).

Contudo, as observações indicaram que os alunos tinham alguma razão ao enfatizarem a necessidade de ser percebido como aluno de bom comportamento para ser bem avaliado, como tem sido insistentemente apontado na literatura. Não apenas o grupo de alunos indicados para reforço se superpunha em parte à lista de crianças que sofreram algum tipo de punição formal por problemas disciplinares, como também, no último conselho de classe do ano de 2000, houve a indicação do aluno Washington (classificado por ambas as professoras como negro), que durante toda a 4ª série estivera fora da recuperação, com conceitos "S", para a oficina de reforço do ano seguinte, com uma justificativa que se centrava em seu comportamento durante a viagem de formatura, e não em problemas de aprendizagem: "além de indicar para o reforço em Português e Matemática, queremos fazer uma ressalva sobre o comportamento dele. É preciso ter muito cuidado e estar muito atento às atitudes do Washington" (Laís). Minhas observações indicaram que era mais frequente essa não separação entre aprendizagem e comportamento na avaliação de alunos percebidos como negros do que entre os classificados como brancos.

Para os educadores e educadoras preocupados com a construção de iguais oportunidades de escolarização, é necessário, portanto, estarem atentos para o fato de que alguns dos processos de construção de masculinidade efetivamente dificultam ou interrompem a educação de grupos de meninos, quase sempre desprivilegiados em termos de classe ou etnia, particularmente os padrões de "masculinidade de protesto", que frequentemente resultam em altos níveis de conflito com as escolas e em processos de evasão. A falta de clareza e de discussão crítica sobre os objetivos curriculares e consequentemente os critérios de avaliação também contribuem para que as professoras lancem mão de repertórios e valores pessoais, marcados pelos preconceitos de classe, raça e gênero presentes no senso comum.

Portanto, todo esforço para alcançar uma educação justa frente às relações raciais e à pobreza deve também, necessariamente, considerar questões ligadas às masculinidades. Isto é, enfrentar os problemas centrais da educação escolar brasileira hoje é impossível sem uma adequada apropriação do conceito de gênero.

Referências bibliográficas

ALMEIDA, A.M.F. (2002). Um colégio para a elite paulista. In: ALMEIDA, A.M.F. & NOGUEIRA, M.A. (orgs.). *A escolarização das elites*: um panorama internacional da pesquisa. Petrópolis: Vozes, p. 135-147.

ALVES-MAZZOTTI, A.J. (2002). "Repensando algumas questões sobre o trabalho infantojuvenil". *Revista Brasileira de Educação*, n. 19, jan.-abr. Rio de Janeiro.

BATISTA, L.P. (2002). O*s jovens da periferia e a escola pública*: um estudo de caso. São Paulo. USP [Dissertação de mestrado em Educação].

CARONE, I. & BENTO, M.A.S. (2003). *Psicologia social do racismo*: estudos sobre branquitude e branqueamento no Brasil. Petrópolis: Vozes.

CARVALHO, M.P. (2004). "Quem são os meninos que fracassam na escola?" *Cadernos de Pesquisa*, vol. 34, n. 121, jan.-abr., 11-40. São Paulo.

_____ (2001). "Mau aluno, boa aluna? Como as professoras avaliam meninos e meninas". *Estudos Feministas*, vol. 9, n. 2, dez., p. 554-574.

_____ (1999). *No coração da sala de aula*: gênero e trabalho docente nas séries iniciais. São Paulo: Xamã.

COELHO, S.L.B. (1999). O mundo do trabalho e a construção cultural de projetos de homem entre jovens favelados. In: DAYRELL, J. (org.). *Múltiplos olhares sobre educação e cultura*. Belo Horizonte: UFMG.

CONNELL, R.W. (2000). Teaching the boys. In: CONNELL, R.W. *The men and the boys*. Berkeley: UC Press.

DAUSTER, T. (1992). "Uma infância de curta duração". *Cadernos de Pesquisa*, n. 82, ago. São Paulo.

EPSTEIN, D. et al. (orgs.) (1998). *Failing boys?* – Issues in gender and achievement. Buckingham: Open University Press.

FERRARO, A. (2006). *Género y alfabetización en el Brasil de 1940 al 2000*: trazando la trayectoria de la relación [Texto apresentado durante o XVI Congresso Mundial de Sociologia em Durban, África do Sul].

FREITAS, R.B. (1998). Distribuidoras de folhetos. In: SEADE. *Vinte anos no ano 2000*: estudos sociodemográficos sobre a juventude paulista. São Paulo: Seade.

GILBERT, R. & GILBERT, P. (1998). *Masculinity goes to school*. Londres: Routledge.

GUIMARÃES, A.S.A. (1999). "Raça e os estudos de relações raciais no Brasil". *Novos Estudos Cebrap*, n. 54, jul. São Paulo.

HEILBORN, M.L. (1996). O traçado da vida: gênero e idade em dois bairros populares do Rio de Janeiro. In: MADEIRA, F.R. (org.). *Quem mandou nascer mulher?* Rio de Janeiro: Record/Rosa dos Tempos/Unicef.

HEY, V. et al. (1998). Boy's underachievement, special needs practices and questions of equity. In: EPSTEIN, D. et al. (orgs.). *Failing boys?* – Issues in gender and achievement. Buckingham: Open University Press.

IBGE (2005). *Pesquisa Nacional por Amostra de Domicílios* (Pnad, 2004). Rio de Janeiro.

JACKSON, D. (1998). Breaking out of the binary trap: boys' underachievement, schooling and gender relations. In: EPSTEIN, D. et al. (orgs.). *Failing boys?* – Issues in gender and achievement. Buckingham: Open University Press.

LINGARD, B. & DOUGLAS, P. (1999). *Men engaging feminisms*: pro-feminism, backlashes and schooling. Buckingham: Open University Press.

MADEIRA, F.R. (1996). A trajetória das meninas dos setores populares: escola, trabalho ou... reclusão. In: MADEIRA, F.R. (org.) *Quem mandou nascer mulher?* Rio de Janeiro: Record/Rosa dos Tempos/Unicef.

MEC/INEP (2006). *Censo Educacional*. Brasília.

_____ (2004). *Censo Educacional*. Brasília.

MONEY, J. (1968). *Sex errors of the body*. Baltimore: Jonhs Hopkins University Press.

MOREIRA, M.F.S. & SANTOS, L.P. (2002). "Indisciplina na escola: uma questão de gênero?" *Educação em Revista*, n. 3. Marília: Unesp-Faculdade de Filosofia e Ciências.

NICHOLSON, L. (1994). "Interpreting gender". *Sings*: Journal of Women in Culture and Society, vol. 20, n. 1. Chicago.

NOGUEIRA, M.A. (2000). A construção da excelência escolar: um estudo de trajetórias feito com estudantes universitários provenientes das camadas médias intelectualizadas. In: NOGUEIRA, M.A.; ROMANELLI, G.; ZAGO, N. (orgs.). *Família e escola*: trajetórias de escolarização em camadas médias e populares. Petrópolis: Vozes.

PERRENOUD, P. (2003). "Sucesso na escola: só o currículo, nada mais que o currículo!" *Cadernos de Pesquisa*, n. 119, jul. São Paulo.

ROMANELLI, G. (2000). Famílias de camadas médias e escolarização superior dos filhos: o estudante-trabalhador. In: NOGUEIRA, M.A.; ROMANELLI, G.; ZAGO, N. (orgs.). *Família e escola*: trajetórias de escolarização em camadas médias e populares. Petrópolis: Vozes.

ROSEMBERG, F. (2001). "Educação formal, mulher e gênero no Brasil contemporâneo". *Estudos Feministas*, vol. 9, n. 2. Florianópolis.

ROSEMBERG, F. et al. (1990). *Mulher e educação formal no Brasil:* estado da arte e bibliografia. Brasília: Inep/Reduc.

_____ (1982). *A educação da mulher no Brasil*. São Paulo: Global.

ROSEMBERG, F. & FREITAS, R.B. (2002). "Participação de crianças brasileiras na força de trabalho e educação". *Educação e Realidade*, vol. 27, n. 1, jan.-jul. Porto Alegre.

SANTOS, L.P. (2007). *Garotas indisciplinadas numa escola de Ensino Médio*: um estudo sob enforque de gênero. São Paulo: USP [Dissertação de mestrado em Educação].

SCOTT, J.W. (1994). "Prefácio a Gender and the politics of History". *Cadernos Pagu*, n. 3. Campinas.

_____ (1992). "Igualdad versus diferencia: los usos de la teoría postestructuralista". *Debate Feminista*, vol. 5, mar. México D/F.

_____ (1990). "Gênero: uma categoria útil de análise histórica". *Educação e Realidade*, n. 16, vol. 2, jul.-dez. Porto Alegre.

SILVA, C.D. et al. (1999). "Meninas bem-comportadas, boas alunas; meninos inteligentes, mas indisciplinados". *Cadernos de Pesquisa*, n. 107, jul. São Paulo.

SKELTON, C. (2001). *Schooling the boys*: masculinities and primary education. Buckingham: Open University Press.

SOARES, S. (2006). "Aprendizado e seleção: uma análise da evolução educacional brasileira de acordo com uma perspectiva de ciclo de vida". *Revista Brasileira de Estudos Pedagógicos*, vol. 87, n. 216. Brasília.

STOLLER, R.J. (1985). *Presentations of gender*. New Haven, CT: Yale University Press.

STROMQUIST, N. (2007). "Qualidade de ensino e gênero nas políticas educacionais contemporâneas na América Latina". *Educação e Pesquisa*, vol. 33, n. 1, jan.-abr., p. 13-25. São Paulo.

THORNE, B. (1997). *Gender play*: girls and boys in school. New Brunswich, NJ: Rutgers University Press.

VARIKAS, E. (1994). "Gênero, experiência e subjetividade: a propósito do desacordo Tilly-Scott". *Cadernos Pagu*, vol. 3, p. 63-84. Campinas.

VIANNA, C.P. & UNBEHAUM, S. (2004). "O gênero nas políticas públicas de educação no Brasil: 1988-2002". *Cadernos de Pesquisa*, vol. 34, n. 121, jan.-abr. São Paulo.

WALKERDINE, V. (1995). "O raciocínio em tempos pósmodernos". *Educação e Realidade*, n. 20, vol. 2, jul.-dez. Porto Alegre.

WARRINGTON, M. & YOUNGER, M. (2000). "The other side of the gender gap". *Gender and Education*, vol. 12, n. 4. Londres.

5
Sexualidades em sala de aula: discurso, desejo e teoria *queer**

Luiz Paulo Moita Lopes
UFRJ

Se [...] os/as jovens sabem pouco ou se os/as professores/as são ignorantes sobre a homossexualidade, é quase certo que também saibam pouco sobre a heterossexualidade.
Britzman, 1995

Discursos sobre sexualidades: alunos, professores e políticas públicas

Ainda que o tema das sexualidades seja cada vez mais debatido fora da escola (na mídia, por exemplo), tal questão ainda é, em geral, um tabu em sala de aula, pelo menos nos discursos legitimados pelos/as professores/as. Estes frequentemente colocam a sexualidade no reino da vida privada, anulando suas percepções e consequências sociopolíticas e culturais ao compreendê-la como uma problemática individual. Em tais discursos, os corpos na escola não têm desejo, não se vinculam a prazeres eróticos e, na verdade, não existem como forças constitutivas de quem somos nas práticas sociais. Em um artigo ousado e pioneiro sobre erotismo e a prática pedagógica, Bell Hooks (1994) nos alerta para como fomos

---

* Sou grato ao CNPq (306756/2006-4 e 400340/2007-0) pelo financiamento da pesquisa aqui relatada assim como a Branca Falabella Fabrício (UFRJ) pelas sugestões a uma primeira versão deste texto.

treinados a ignorar o corpo e seus prazeres na educação. Especificamente, argumenta que o corpo nas escolas foi apagado para que passasse despercebido ou para que fosse ignorado uma vez que é a mente ou a cognição que deve nos preocupar. Na sala de aula, entram corpos que não têm desejo, que não pensam em sexo ou que são, especialmente, dessexualizados para adentrar esse recinto, como se corpo e mente existissem isoladamente um do outro ou como se os significados, constitutivos do que somos, aprendemos e sabemos, existissem separadamente de nossos desejos. Não surpreende que os livros didáticos e propostas curriculares tradicionalmente operem também nessa lógica.

O mesmo pode ser dito em relação a matizes de gênero e raça. Fomos educados a pensar sobre os alunos sem considerar sua raça, seu gênero e seu desejo: um ser descorporificado e, portanto, em abstração, que só existe na sala de aula, normalmente nos discursos nos quais a voz dos/as professores/as é central. E a mesma posição pode ser levantada em relação aos corpos dos professores: são construídos como se não tivessem desejo sexual. É assim que Hooks (1994) corajosamente relata como se deu conta, em seu primeiro semestre como professora na universidade, de seu interesse erótico por um determinado aluno. A autora se refere ainda como tinha sido "educada a fingir que não via os corpos de seus professores" (p. 192). Mas é claro que esse processo de esquecer o corpo, naturaliza ideais corpóreos de raça como branquitude, de gênero como masculinidade e de sexualidade como heterossexualidade. Tanto a pesquisa sobre o gênero e a sexualidade na escola brasileira (MOITA LOPES, 2002; DUTRA, 2003; ROLAND, 2003, por exemplo) quanto sobre raça (DE PAULA, 2003; PALMEIRA, 2005, por exemplo) têm mostrado a naturalização de tais ideais e os sofrimentos que acarretam para a vida de tantas pessoas que a eles não se conformam.

Esse apagamento do corpo não quer dizer, entretanto, que a escola não produza identidades corporificadas. Ao contrário, embora os/as professores/as estejam apenas começando a perceber a relevância dos discursos escolares na construção da vida social, a escola é uma das agências principais de (re-)produção e organização das identidades sociais de forma generificada, sexualizada e racializada. Dessa forma, isso tem possibilitado a naturalização dos ideais corpóreos já mencionados, embora tal naturalização esteja na contramão da vida social fora da escola que, cada vez mais, acentua a diferença, como resultado, entre outros, dos discursos globalizados que nos chegam pela mídia e internet, trazendo a diferença para dentro de casa, ou dos avanços dos chamados movimentos sociais tais como feministas, antirracistas e *gays*, lésbicas, bissexuais, transexuais (GLBTs).

No entanto, ao contrário desse movimento de apagamento de certos tipo de corpos, as práticas cotidianas nas escolas, que os/as professores/as tão bem conhecem, assim como as pesquisas em contextos escolares mostram que a sexualidade (da mesma forma que outras marcas corpóreas) perpassa de modo crucial os significados que circulam no contexto escolar (cf., por exemplo, capítulos em Moita Lopes, 2002 e 2003 sobre pesquisa em sala de aula e a reflexão de Louro, 1997). Talvez como nunca antes os discursos escolares estão agora sendo construídos em diálogo constante com questões relativas à sexualidade. O tema da sexualidade e o do desejo aparecem na mídia continuamente (a TV, por exemplo, é cada vez mais sexualizada), muitas vezes ajudando a sedimentar visões normalizadoras e homogeneizadoras da sexualidade, ainda que mais recentemente visões alternativas para o que se entende como normalidade estejam sendo também tematizadas. São inúmeros os programas de TV que focalizam *gays*, lésbicas, bissexuais, travestis e transexuais em suas vidas cotidianas (por exemplo, famílias compostas por dois homens e o filho de um deles ou por um casal de mulheres e seus filhos) na luta por seus direitos, o que possibilita aumentar nossos repertórios de significados sobre a sexualidade e, de alguma forma, colabora para tirar "o esqueleto de dentro do armário", por assim dizer. É notável, desse modo, o fato de a passeata de *gays* e lésbicas de São Paulo ter sido mostrada recentemente ao vivo, durante um dos programas de maior audiência aos domingos da TV aberta brasileira.

Alguns sociólogos (por exemplo, GIDDENS, BECK & LASH, 1995) têm chamado esse processo de destradicionalização da vida social, nos quais discursos que eram compreendidos como constitutivos da vida privada (ou mesmo como pervertidos) avançaram para o centro da vida pública ou deixaram a privacidade das quatro paredes de um quarto e adentraram a sala de visitas, pelo menos nas telas da TV, levando-nos a um processo de reflexão sobre quem somos e à possibilidade de construção de nossas vidas em outras bases. Isso não quer dizer, por outro lado, que estamos nos melhores dos mundos e que não haja reações raivosas e agressivas de grupos conservadores. Assim, devido a tais processos de destradicionalização para os quais contribui a centralidade da mídia no mundo contemporâneo, é natural que os significados sobre a sexualidade sejam, cada vez mais, constitutivos dos discursos que constroem o universo escolar.

Como ilustração do que os professores estão cansados de entreouvir em sala de aula, pode ser esclarecedor examinar uma sequência de uma prática de letramento escolar, em uma turma de quinta série de uma escola pública, no Rio de Janeiro. O professor havia acabado de solicitar que os meninos escrevessem uma carta para as meninas e essas para os meninos, com base em uma história que tinham terminado de ler. A conversa privada entre dois meninos (Rico e Pepe) de 10-11 anos, que decorre dessa tarefa solicitada pelo professor, é o que se pode ler na sequência abaixo[1]: Os meninos,

---

1. As sequências utilizadas, neste capítulo, foram geradas em pesquisas de natureza etnográfica, que utilizaram 5 gravadores em uma sala de aula de modo a ter acesso tanto a conversas públicas como a conversas privadas (cf. MOITA LOPES, 2002, 2005). Os nomes dos participantes são fictícios, por razões éticas. Na transcrição, ( ) indica algo inaudível na fita usada, [ ] explica o que está acontecendo, / pausa curta e // pausa longa.

em meio à conversa, começam a cantar uma música e fingem ou brincam de estar escrevendo em conjunto a carta que o professor pedira. Nesse ato, narram uma prática sexual imaginada na qual se envolveram com uma mulher.

História sobre sexo

Aula de 04/10/1999

1 Rico: Quer roubar?//

2 Pepe: [cantando] "Te arrombarei em três"/

3 Rico: Dá licença aí,/ ( ) ainda vou levar aquele fedelho ( )//

4 Pepe: [[cantando]] "Só bota a cabeça e tu grita,/ tu chora demais"//

5 Rico: Antes eu não sabia como era a música,/ sabe como é que eu cantava?// Te

6 arrombar ( )/

7 Pepe: Eu botei outra garota./ Ele botou mesmo ( )//. Ela se empolga todinha.//

8 Rico: Ela fica empolgada//.

9 Pepe: Agora vou colocar assim/: "te espero no nosso motel, é"//

10 Rico: Flor de Maio//

11 Pepe: Motel Miau-Miau//

12 Rico: O hotel com dois gatinhos ( ) na porta é Miau-Miau//. "Pode entrar que te

13 espero no quarto 126 ou suíte"//

14 Pepe: "Quarto 24"//

15 Rico: "No quarto 24,/ tu me espera lá de quatro que eu vou meter" ( )// [[risos]].

16 Pepe: [[risos]] Faz que nem o Zeca/ "eu vou te pegar no quarto/ quarto,/ você de

17 quatro.// Vou mandar ( ) um poço de desejo,/ ( ) fazendo aquela indomável"./

18 Rico: Fazendo aquela indomável./

19 Pepe: nada a ver!//

20 Rico: "Tu gritando igual à indomada."/

21 Pepe: Professor!//

Além do envolvimento dos meninos na construção mútua de um projeto de masculinidade hegemônica[2] por meio da conarração de um ato sexual com uma mulher, do qual supostamente participaram, o que se percebe nessa história é que meninos com tal idade já têm acesso a discursos sofisticados sobre sexo (observem as referências sobre o corpo, dor/prazer, posições sexuais, motel, etc. na sequência). Tais discursos claramente indicam como a sexualidade é constitutiva desses meninos, embora essa questão esteja ausente nos discursos escolares, legitimados pela escola. Note-se ainda uma referência explícita a uma novela da TV Globo, *A indomada* (1997), indicando a relevância dos discursos midiáticos na construção da vida social ou como tais discursos reverberam em sala de aula. Mais ainda, deve-se atentar para visões bem tradicionais, em tal sequência, sobre como as mulheres se submetem aos caprichos sexuais dos homens, ecoando discursos machistas de que as mulheres estão a serviço de seus prazeres. Essa sequência já nos chama atenção para a necessidade de os/as professores/as se familiarizarem com

---

2. O conceito de masculinidade hegemônica se refere à *performance* de um tipo de masculinidade homogeneizada e idealizada que capta o senso comum do que é ser homem em oposição ao que é ser mulher ou a uma forma também homogeneizada e idealizada de ser mulher. Nesse quadro, homens e mulheres estão em posições opostas como se existisse uma forma única de ser homem ou mulher.

questões referentes à sexualidade não somente porque elas estão cada vez mais presentes nos discursos dos alunos, nas mais tenras idades, como também pela necessidade de que a educação apresente outras visões sobre a sexualidade e o desejo de modo a desestabilizar percepções arraigadas sobre as relações sexuais, que estão bem distantes de um mundo mais justo e ético.

No entanto, apesar da presença de tais discursos em sala de aula, ainda que, em geral, somente nas conversas privadas entre os/as alunos/as, é proveitoso atentar para como uma professora que é instada, pelos alunos, a focalizar o tema da sexualidade reage, em uma outra turma de quinta série da mesma escola acima. A professora acabara de ditar três tarefas para que os alunos escrevessem sobre preconceito e o aluno Pedro solicita um esclarecimento sobre como fazer a terceira tarefa.

Preconceito[3]

Aula de 08/09/1997

13 Pedro: Professora,/ a [pergunta] três,/ pode ser preconceito de qualquer coisa//

14 homossexualismo?//

15 P: ( ) Olha,/ eu espero que vocês façam o relato de uma forma respeitosa./ Se a gente

16 vai desrespeitar,/ pra que que serviu a leitura de segunda-feira [discussão do texto

17 intitulado "Respeito à diferença"],/ a discussão de hoje,/ pra que que está servindo

---

3. Uma análise mais contextualizada da questão se encontra em Moita Lopes (2002).

18 esta discussão de agora?// Se nós vamos desrespeitar,/ eu vou guardar o meu material e

19 vou embora,/ que a gente tá perdendo tempo aqui.//

19 João: Ah, moleque!/ Vai ficar falando sobre isso agora?//

Por um lado, percebe-se que a professora recusa o tópico referente a homossexualismo, uma vez que não o legitima como adequado para a sala de aula e, por outro, que os alunos estão agindo provocativamente, já que, como participantes de tal contexto, sabem que esse não é um assunto adequado. Não seria essa a razão pela qual, na sequência acima, Pedro pede permissão para tratar do tema ao passo que João indica que não é apropriado "fala[r] disso agora"? Deve ser lembrado que não estou atribuindo nenhum juízo de valor ao posicionamento da professora. Ele reflete as tradições em que foi formada, o que inclui os temas adequados para a sala de aula e se prendem à ideia, como já me referi, que mente e cognição existem em separado de nosso corpo, deslegitimando a questão da sexualidade como um tópico adequado para a escola. Portanto, a atitude da professora levanta sérios questionamentos para como a universidade tem formado seus/suas professores/as e co- mo os tem preparado para tratar da vida social: um problema que já tem sido lembrado por todos aqueles que se debruçam sobre a questão da formação dos professores/as.

No entanto, as políticas públicas, no campo da educação, têm, mais recentemente, chamado atenção para a sexualidade (Parâmetros Curriculares Nacionais, vol. 10, de 1998; Documentos da Secretaria de Educação Continuada, Alfabetização e Diversidade –, Junqueira s/d; Programa Brasil sem Homofobia do Ministério da Saúde), como um traço constitutivo de quem somos[4]. Em tais documentos, via de

---

4. Deve ser enfatizado, por outro lado, que os investimentos na implementação de tais políticas têm sido deficitários.

regra, nota-se uma preocupação que, indo além das tradicionais explicações dos chamados "fatos" da vida, que biologizam a sexualidade e o desejo (normalmente, tratando de aspectos relevantes da reprodução e sexo seguro), focaliza a sexualidade como um discurso central em nossa constituição, na procura pela felicidade (sexual) e na expressão do desejo/amor pelo outro. Em tal procura, a sexualidade deixa de ser destino e passa a ser entendida como uma construção que não está necessariamente atrelada ao desejo pelo sexo oposto. No entanto, tais investimentos do setor público se baseiam em políticas de identidades, as quais, embora sejam relevantes, por defenderem os direitos das chamadas minorias (no caso em questão: sexualidades consideradas minoritárias), precisam ser redimensionadas por meio de teorizações *queer*, que, além de questionarem qualquer sentido de normatividade para o desejo sexual, lançam um olhar mais perspicaz sobre a construção das sexualidades e envolvem uma politização maior do campo da sexualidade.

Neste capítulo, tentando colaborar na minoração dessa contradição entre os discursos legitimados pelos/as professores/as (como efeito de sua formação) e aqueles advindos dos/as alunos/as (como resultado das práticas sociais em que vivem) e das políticas públicas educacionais existentes, quero aumentar a reflexão sobre a sexualidade no contexto pedagógico, introduzindo uma visão *queer* que pode representar ganhos epistêmicos e éticos para o contexto escolar. Antes, porém, desejo problematizar a naturalização da vida social e os seus ideais de normalidade que ainda persistem na escola, apagando e homogeneizando os corpos e os discursos que os constroem, como parte de uma lógica monocultural, resultante das tradições teóricas e pensamentos que ainda prevalecem na universidade e na sociedade, em geral.

Por causa da natureza de seu trabalho, os/as professores/as estão na linha de frente dos embates sociais e culturais e não podem esperar que as mudanças sejam efetivadas em políticas públicas para implementá-las em suas práticas. Precisam estar adiante. Necessitam se familiarizar continuamente com outros discursos e teorizações que podem apresentar alternativas de compreensão da vida social principalmente devido à posição de responsabilidade que ocupam, e colaborar na construção de outros mundos e outras sociabilidades. A escola é uma agência importante na constituição de quem somos e seus discursos podem legitimar outros sentidos sobre quem podemos ser ao apresentar outras narrativas para a vida social menos limitadas/aprisionadoras e mais criativas para nossas histórias e orientadas por um sentido de justiça social. Isso é especialmente importante se pensarmos que a escola é um dos primeiros espaços públicos a que crianças/jovens têm acesso, que pode contemplar alternativas para os sentidos do mundo privado da família ou de outras instituições (da Igreja, por exemplo) sobre quem podem ser.

Uma visão da lógica monocultural e da lógica multi/intercultural

A lógica monocultural se associa a um modo de explicação da vida social voltado para a mesmidade (somos todos iguais, ou seja, somos guiados por significados homogêneos que produzem uma única interpretação). Tal lógica se baseia em um processo de homogeneização e simplificação de quem somos ou ainda de busca de uma essência de que somos feitos. Por outro lado, a lógica multicultural opera na direção da heterogeneização e da diferença. Ressalta a nossa construção social, nas práticas discursivas, sob as redes do poder. Somos orientados por uma multiplicidade de significados que guiam nossas práticas, influenciando-nos, e as quais nós também influenciamos. É nesse sentido que Geertz (1973: 5) aponta que os seres humanos são animais "suspensos em redes de significados [discursos] que ... ajuda[ram] a tecer", gerando uma multiplicidade de interpretações das práticas.

Pode-se dizer que a construção de uma ótica monocultural historicamente ganha força no processo de construção da Europa como ocidente, no século XVI (VENN, 2000), frente a um mundo novo que surge então. Com as conquistas de outras terras e o encontro de outros diferentes em outras partes do mundo, tem início um processo de destruição da diferença com o objetivo de garantir os benefícios das conquistas àqueles em posição de poder nas assimetrias sociais: notadamente, homens, europeus, colonizadores e brancos. Inicia-se um processo de comportamentalização dos sentidos, que desqualifica as alteridades e seus significados.

Esse projeto compreendido como típico da Modernidade, sob cujos efeitos vivemos até hoje, é que tem sido mais e mais desbancado por outras lógicas que mostram a que interesses arbitrários servem as construções de verdades, histórias e normatividades sobre quem somos ou sobre quem podemos/devemos ser. A Modernidade, portanto, pode ser compreendida como um processo de modelar as pessoas de forma restrita e arbitrária (JENKS, 2003). O século XX, porém, começa mais enfaticamente a problematizar essa lógica monocultural, notadamente, por meio dos movimentos sociais feministas, GLBTs e negros, cujas narrativas colocam em xeque um mundo proveniente de tal visão que os apagava. Deve ser lembrada aqui uma série de estudos/teorizações pós-coloniais, feministas, antirracistas e *queer*, que vêm colocar questionamentos sobre os discursos normalizadores dos gêneros, das raças e das sexualidades (cf. no campo da educação no Brasil, por exemplo, os estudos de LOURO, 1997, 2003; MOITA LOPES, 2002, 2003, 2006; FABRÍCIO & MOITA LOPES, 2006; CAVALLEIRO, 2001, 2003; GOMES & GONÇALVES, 2004; FERREIRA, 2006).

Esse pensamento monocultural se apoiou, no Iluminismo, em uma justificativa universalista de que existe uma razão (a chamada racionalidade positivista moderna), acima das práticas sociais e de nossos posicionamentos, que poderia levar-nos a valores e conhecimentos objetivos e neutros e ao encontro do progresso e da felicidade. Tal lógica só foi possível porque, como monocultural, anulou os atravessamentos identitários em nossos corpos que nos posicionam como pobres, ricos, brasileiros, indígenas, norte-americanos, homens, mulheres, negros, brancos, *gays*, bissexuais, etc. na vida social, levando a discursos como aqueles ainda prevalentes na educação que separam mente e corpo, descorporificando alunos/as e professores/as.

A ótica multi/intercultural, por outro lado, baseia-se na compreensão de que somos seres do discurso e de que como tais somos constituídos pelos significados diversificados em que circulamos (somos seres da diferença e não do significado único) e principalmente mostra como esses significados coexistem dentro de nós mesmos, muitas vezes de forma contraditória e cambiante. Portanto, não se trata de entender tal lógica simplesmente como multicultural, típica de um mundo constituído por múltiplas culturas, bem organizadas e fechadas, que não se tocam/entrecruzam e que se toleram, mas de nos compreendermos como atravessados por múltiplas culturas identificáveis nos discursos em que circulamos, o que muitos preferem chamar de lógica intercultural. Atravessamos as fronteiras culturais dentro de nós mesmos: somos a diferença, não os outros. Assim, em vez de pensarmos em essência identitária ou homogeneidade identitária, devemos ter em mente sociabilidades continuamente em construção, fragmentadas, contraditórias e heterogêneas, como efeito das práticas discursivo-culturais em que nos engajamos e dos embates de poder aí situados. Damos as costas ao significado único, isto é, proveniente de uma razão separada de nossos corpos, para mirar um modo de compreender a vida social com base em uma multiplicidade de significados/discursos instáveis que coexistem dentro de nós mesmos. Abraço aqui uma visão muito específica da vida social, compreendida como constituída pelos discursos em que circulamos e que nos constroem assim como nós também os construímos (MOITA LOPES, 2002).

A vida social e nossos posicionamentos discursivos, que nos constituem de modo variado e mutável, deixam de ser destinos dos quais não podemos escapar e passam a ser compreendidos como processos que estão continuamente em construção, sendo feitos e refeitos, com idas, vindas, cortes, recortes e entrecortes. Uma mulher lésbica negra, por exemplo, está posicionada na vida social de modo diferente de uma mulher heterossexual negra e, em muitos contextos, pode ter mais em comum com um homem *gay* branco embora, em seus possíveis outros posicionamentos heterossexuais, essa mesma mulher negra possa ter mais a ver com homens heterossexuais brancos do que com homens *gays* negros. Tais posicionamentos se complicam ainda mais se essa mulher for compreendida por outros matizes, como os de classe social. Esse exemplo mostra a coexistência de atravessamentos identitários dentro da mesma pessoa e os diferentes posicionamentos que nos colocam no mundo de forma heterogênea e que, de modo algum, constituem destinos identitários ou carreiras a serem perseguidas por toda uma vida.

Especificamente em relação à sexualidade, nossas experiências cotidianas (para não mencionar o que dizem os psicanalistas, com base nas narrativas relatadas em seus consultórios – cf. FREIRE COSTA, 1992) cada vez mais nos familiarizam com histórias de vida que questionam percursos claros e únicos de expressão do desejo sexual. Aqui reporto o leitor à pesquisa de Tílio (2003), na qual é estudada a história de vida sexual de um homem que, na infância, convivia com o pai e seu trabalho insistente na construção da heterossexualidade do filho; na adolescência e no início da vida adulta, envolvia-se continuamente em práticas heterossexuais com várias mulheres; para mais tarde se apaixonar por um rapaz e se engajar em práticas homoeróticas. A que caminhos levou a continuação da vida sexual de tal homem é uma questão a que não se pode responder: somente a continuação de sua história de vida poderá esclarecer tal pergunta. Esse exemplo mostra os atravessamentos culturais dentro de nós mesmos e é, nesse sentido, que nós somos a diferença e não os outros. Somos seres que podem (enfatizo, *podem*) atravessar as fronteiras discursivo-culturais da sexualidade e se familiarizar com outros discursos sobre quem podemos ser sexualmente.

Uma visão *queer* das sexualidades

Uma das teorizações que parecem mais iluminadoras pelo seu caráter problematizador e questionador de qualquer sentido de verdade e normatividade em relação à sexualidade, e que tentam explicar os atravessamentos de fronteiras discursivo-culturais da sexualidade, têm sido chamadas de teorias *queer*. Essas teorias foram muito influenciadas pela pesquisa de Butler (1990) e Sedgwick (1994), e os trabalhos de Jagose (1996), Louro (2003) e Sullivan (2003) oferecem boas introduções a essas perspectivas. Embora *queer* seja uma palavra da língua inglesa, o seu uso tem sido preferido em português devido à ausência de um equivalente nessa língua que capte seu sentido. Além de ser uma palavra que significa estranho, inesperado e não natural, *queer* também é uma forma antiga de se referir a homossexuais de forma ofensiva. Assim, o termo foi re-apropriado nessas teorizações de modo a re-significá-lo, virando o insulto de ponta cabeça, por assim dizer, ao mesmo tempo em que recupera o significado contestatório que o termo carrega.

Deixa de ser um insulto e passa a nomear abordagens que tentam explicar as sexualidades como uma arena de recusa à naturalização e à normalidade tanto no que diz respeito à heteronormatividade compulsória – talvez uma das forças mais cruciais na construção da vida social, especificamente, a obrigação de ser heterossexual – como também ao ideal de uma identidade homossexual homogênea, estável, como destino sexual, dos quais não se pode escapar, como querem tradicionalmente muitas das posições essencialistas dos movimentos GLBTs. É claro que entendo a importância histórica, já mencionada, de tais movimentos na luta política ao elaborar um discurso estratégico de defesa de formas alternativas de vida sexual, principalmente diante das dificuldades sérias que muitos homossexuais enfrentam em seus cotidianos; contudo, desejo encaminhar como sendo mais política a refutação de uma compreensão normatizadora do desejo sexual, independentemente de ser hétero, homo, bi, etc.

Em outras palavras, parece mais político recusar a visão de minoria, tão típica dos movimentos GLBTs, na procura, muitas vezes, da tolerância em relação ao seu desejo sexual, uma vez que tal taxonomização das sexualidades pode ser mais uma forma de exercer controle sobre o desejo sexual do que um modo de empoderá-lo (NELSON, 2006). A abordagem *queer* que desestabiliza a posição privilegiada da heteronormatividade, à qual é dada o direito de tolerar outras sexualidades, objetiva colocar ostensivamente o dedo no cerne da questão, ao não contemplar qualquer sentido de normalidade para a sexualidade, inclusive da heterossexualidade. Essa lógica é, portanto, muito mais transgressiva do que aquela que defende a política da identidade (*gay*, lésbica, bissexual, transexual), calcada em visões essencialistas da sexualidade, pois tal lógica questiona sentidos de homogeneidade, naturalidade e verdade sobre a sexualidade e nos faz refletir sobre o que normalmente não é pensado: a posição de prestígio, historicamente bem instalada, da heterossexualidade e, portanto, sobre a arbitrariedade de tal posição. Essa teorização dialoga com as incertezas e com os cruzamentos de fronteiras (físicas, discursivas, sexuais, etc.), tão típicos do mundo contemporâneo, ao construir as sexualidades como fronteiras discursivo-culturais a serem atravessadas. Em vez de teorizar as políticas da identidade, teoriza as pós-identidades. Possibilita pensar de modo diferente, usando uma outra lógica, e assim torna possível escapar dos arcabouços fechados, das tradições e das compreensões já conhecidas sobre as sexualidades.

Provavelmente, o pensamento-chave para essas teorias é o de Foucault (1979). Ao historicizar a sexualidade, Foucault (1979) procurou des-naturalizar categorias como homossexual e heterossexual ao mostrá-las como conceitos construídos por palavras e discursos ou ao remetê-las a sua origem histórico-discursiva. Especificamente, demonstrou como os discursos da Biologia em relação à sexualidade proveram explicações essencialistas que tiveram papel central na construção de visões de verdade sobre a sexualidade, a partir do século XIX. Essas visões, prevalentes em muitos discursos de especialistas e não especialistas compartamentalizaram os desejos sexuais e revelaram a essência dos pares que constituem o binário homossexual/heterossexual. Como Foucault (1979) aponta, foi assim que o homossexual foi construído como uma espécie desviante do heterossexual.

Vários pesquisadores (por exemplo, GOLDBERG, 1994; SEDGWICK, 1994), apoiados em Foucault, têm mostrado como esse binário, institucionalizado em vários discursos, tais como os da Medicina, da justiça, da educação, etc. constrói pessoas como homo ou heterossexuais nas práticas sociais. É assim que a homossexualidade e a heterossexualidade foram inventadas como construções discursivas e históricas e continuam a operar e a moldar a vida social. As pesquisas em contexto escolar mostram, por exemplo, como alguns/algumas professores/as, como efeito de tais discursos, claramente corroboram com essa invenção, ao insistirem, muitas vezes em brincadeiras inocentes (ou nem tanto!), em fomentar práticas de homofobia em sala de aula, por meio de pequenos comentários para fazer valer sua posição de controle, especialmente com meninos: "Não seja boiola!" (EPSTEIN & JOHNSON, 1998: 135). Tais discursos chamam atenção para o policiamento das fronteiras ou dos chamados desvios que a escola como instituição faz tão bem. Isso, por um lado, mostra que se a heterossexualidade fosse natural, não acarretaria tal policiamento e, por outro, chama atenção para o trabalho discursivo envolvido na construção da sexualidade. Compartilho, portanto, da compreensão de que "a sexualidade é um produto dos significados socialmente disponíveis para o exercício dessa atividade humana" (HEILBORN, 1996: 137).

Não é possível, dessa forma, revelar a essência do que é ser *gay*, lésbica, heterossexual ou de qualquer outro posicionamento sexual, o que também implica dizer que não há nenhum objeto sexual claro e definitivo para qualquer pessoa. Por outro lado, isso não quer dizer que as pessoas não possam se dedicar a trajetórias sexuais específicas, por quaisquer razões, inclusive por razões políticas, como é o caso dos grupos de defesa dos direitos GLBTs. A posição *queer* acarreta o entendimento da sexualidade como dinâmica e cambiante, o que implica compreender que os objetos de desejo podem mudar durante a vida ou em práticas discursivas diferentes: nossas *performances* de sexualidade podem ser mutáveis. Essa percepção envolve a concepção da sexualidade como algo que nunca está pronto ou que está sempre se fazendo e que pode ser construída e re-construída discursivamente. Tem, portanto, como projeto a desestabilização da chamada matriz heterossexual por meio da qual o desejo tem sido historicamente avaliado, justificado e legitimado. O que me parece relevante, em conclusão, é analisar os ganhos epistêmicos e éticos dessa teorização para a educação.

Potenciais da teorização *queer* para a educação

Ao problematizar visões normalizadoras da sexualidade, a teorização *queer* pode iluminar nosso trabalho em educação ao oferecer uma alternativa de compreensão dos desafios desestabilizadores das práticas sociais que vivemos, dos discurso sobre sexualidade que os alunos fazem circular em sala de aula, dos discursos dos/as professores/as que não legitimam tópicos sobre as sexualidades ou operam como controladores de atravessamentos de fronteiras e das políticas públicas em relação às sexualidades que defendem políticas de identidade. Ao constituir uma possibilidade de compreender as sexualidades que está além das políticas da diferença, que preconizam a tolerância, e deixam implícita a norma, ajuda a diminuir a ignorância existente entre alunos/as e professores/as tanto sobre a homossexualidade como sobre a heterossexualidade, de que fala Britzman (1995) na epígrafe que emoldura este capítulo. Além disso, tal ideia fornece um aparato teórico altamente politizador, que nos acena com uma compreensão de uma das facetas da nossa vida social mais relevante, a qual tem ficado mais óbvia nas práticas em que vivemos, devido aos processos de destradicionalização que enfrentamos. Os/As alunos/as têm tido, cada vez mais cedo, acesso a discursos sobre as sexualidades e se os/as professores/as podem contemplar visões alternativas para os discursos da mídia e de outras instituições que homogeneizam e essencializam a vida social, tanto melhor para as práticas educacionais.

Isso não quer dizer que se almeje impor a verdade sobre a sexualidade, mas apresentar um discurso alternativo que pode ampliar os repertórios de sentidos dos/das alunos/as e professores/as na compreensão dos desejos e pode especialmente fazer pensar sobre a impossibilidade de separar nossa vida cognitiva de nossa vida corpórea bem como dos significados que nos fazem e re-fazem. Deve-se acrescentar, por outro lado, que, apesar da ubiquidade das sexualidades em suas várias manifestações no mundo em que vivemos, não são todos os/as professores/as que se sentem à vontade para tratar de tal assunto. Além de muitos insistirem que essa é uma questão da vida privada, muitos outros temem ter seus desejos sexuais revelados ao poderem ser classificados como *gays* e lésbicas, por exemplo, ao falar de tais posicionamentos.

No entanto, uma das características da teorização apresentada não é a defesa das chamadas minorias *gays* e lésbicas,

142

embora essa faça ainda todo sentido nos tempos em que vivemos, mas é sim ir além e recusar qualquer essência para a sexualidade, o que pode tornar o tema das sexualidades menos amedrontador uma vez que a posição *queer* não se qualifica por uma atitude defensiva em relação à sexualidade *x* ou *y*. Trazer para a sala de aula as próprias práticas sociais que tematizam as sexualidades, das quais os/as alunos/as participam como espectadores da mídia e como participantes da vida escolar, por exemplo, pode ser um modo de facilitar a compreensão da natureza fluida e fabricada das sexualidades. A cultura popular e seus artefatos (as novelas de TV, por exemplo) têm muitas práticas de sexualidade cuja natureza construída e normatizadora pode ser problematizada na escola (cf. MOITA LOPES, 2002, 2006; FABRÍCIO & MOITA LOPES, 2006). Especialmente, ressalto a relevância de mostrar a natureza fabricada tanto da heterossexualidade como da homossexualidade, analisando as estratégias e artifícios envolvidos em sua construção.

Além disso, entendo que o ganho epistêmico principal dessa abordagem se refere à possibilidade de incluir na educação a compreensão de que os sentidos que nos rodeiam são construções ou invenções e que como tais podem ser refeitos, redescritos ou reinventados. Principalmente, acarreta a necessidade de aprender na escola a duvidar das certezas e das verdades sedimentadas em que estamos circunscritos. Especialmente, essa teorização nos impele a pensar de outro modo ao suspender significados cristalizados para além daqueles referentes ao desejo sexual. Portanto, envolve um convite a refletir de uma maneira diferente ou a construir conhecimentos e significados de outra forma: um apelo crucial na atitude *queer* frente ao conhecimento e ao discurso.

Há ainda uma motivação ética para compartilhar tal teorização, uma vez que implica ganhos claros dessa natureza. Ao desessencializar os desejos de qualquer tipo, ao compreendê-los como estando sempre em construção, ao desestabilizar a posição da heterossexualidade como matriz, ao despatologizar a homossexualidade, ao contemplar a natureza discursiva e mutável das sexualidades, e ao não defender nenhum desejo sexual em especial como mais legítimo ou hierarquicamente superior a outro, há nessa visão a possibilidade de re-descrição/desnaturalização da vida social. Quero enfatizar, porém, que entendo que a legitimidade de uma prática sexual deve ser medida pelo possível sofrimento que possa causar ao outro e pela sua adesão não consentida: um princípio ético fundamental.

Assim, essa lógica considera a apropriação de outros discursos que abram nossos horizontes para outras sociabilidades, o que implica experimentar outros modos de ser, pensar e desejar no atravessamento contínuo de fronteiras discursivo-culturais. Notadamente, está implícito aqui o princípio ético de que não faz sentido prescrevermos para outros discursos que impossibilitem a procura da sua felicidade sexual, uma vez que não há norma ou matriz para tal. Não há espaço, portanto, para discursos de heteronormatividade, de minoria e de tolerância. Está na mão dos indivíduos e dos discursos a quem têm acesso a possibilidade de invenção e reinvenção contínua em tal procura. Embora entenda as dificuldades e os embates nesse percurso, os tempos de destradicionalização em que vivemos abrem cada vez mais espaço para tal procura. Que a escola seja um lugar de re-criar e politizar a vida social, de compreender a necessidade de não separar cognição e corpo, de se livrar de discursos binários aprisionadores, de se questionar ininterruptamente e de se preocupar com justiça social e ética!

Referências bibliográficas

BRITZMAN, D.P. (1996). "What is this thing called love-homosexual identity, education and curriculum". Taboo, vol. 1, n. 1, 1995 (Republicado em português com o título de "O que é essa cosia chamada amor-identidade homossexual, educação e currículo" em Educação e Realidade, vol. 21, n. 1).

BUTLER, J. (1990). *Gender trouble: feminism and the subversion of identity*. Nova York: Routledge, 1990 (republicado em português com o título de *Problemas de gênero. Feminismo e subversão da identidade*. Rio de Janeiro: Civilização Brasileira, 2003).

CAVALLEIRO, E. (2003). *Do silêncio do lar ao silêncio escolar*: racismo, preconceito e discriminação na educação infantil. São Paulo: Contexto.

_____ (2001). *Racismo e antirracismo na educação*. São Paulo: Sumus.

DE PAULA, R.C. (2003). Construindo consciência de masculinidades negras em contexto de letramento escolar: uma pesquisa ação. In: MOITA LOPES, L.P. (org.) (2003). *Discursos de identidades*. Campinas: Mercado das Letras.

DUTRA, F.S. (2003). Letramento e identidade: (re-)construção das identidades sociais de gênero. In: MOITA LOPES, L.P. (org.) (2003). *Discursos de identidades*. Campinas: Mercado das Letras.

EPSTEIN, D. & JOHNSON, R. (1998). *Schooling sexualities*. Buckingham: Open University Press.

FABRÍCIO, B.F. & MOITA LOPES, L.P. (2006). *Práticas discursivas multimodais em sala de aula*: novas sociabilidades de gênero e sexualidade. Trabalho apresentado no II Simpósio Nacional Discurso, Identidade e Sociedade, PUC-Rio.

FERREIRA, A.J. (2006). *Formação de professores raça/etnia*: reflexões e sugestões de materiais de ensino. Cascavel: Coluna do Saber.

FOUCAULT, M. (1979). *The history of sexuality. An introduction*, vol. 1. Trans. Robert Hurley. Londres: Allen Lane.

FREIRE COSTA, J. (1992). *A inocência e o vício*. Rio de Janeiro: Relume-Dumará.

GEERTZ, C. (1973). *The interpretation of cultures*. Nova York: Basic Books.

GIDDENS, A.; BECK, U.; LASH, S. (1997). *Modernização reflexiva*. São Paulo: Unesp [Trad. de Magda Lopes].

GOLDBERG, J. (org.) (1994). *Reclaiming Sodom*. Londres: Routledge.

GOMES, N.L. & GONÇALVES e SILVA, P.B. (2004). *Experiências étnico-culturais para a formação dos professores*. Belo Horizonte: Autêntica.

HEILBORN, M.L. (1996). Ser ou estar homossexual: dilemas da construção da identidade social. In: PARKER, R. & BARBOSA, R.M. (orgs.). *Sexualidades brasileiras*. Rio de Janeiro: Relume-Dumará

HOOKS, B. (1994). Eros, eroticism, and the pedagogical process. In: HOOKS, B. *Teaching to transgress*: education as the practice of freedom. New York: Routledge [Republicado em português com o título Eros, erotismo e o processo pedagógico. In: LOURO, G.L. (org.). *O corpo educado* – Pedagogias da sexualidade. Belo Horizonte: Autêntica, 1999].

JAGOSE, A. (1996). *Queer theory. An introduction*. Nova York: New York University Press, 1996.

JUNQUEIRA, R.D. (s.d.). *Subsídios para a reflexão sobre a diversidade de orientação sexual e de identidade de gênero na educação*. Brasília: Coordenação Geral de Estudos e Avaliação/Secretaria de Educação Continuada/Alfabetização e Diversidade, Ministério de Educação [mimeo.].

LOURO, G.L. (2003). *Um corpo estranho* – Ensaios sobre sexualidade e teoria *queer*. Belo Horizonte: Autêntica.

_____ (1997). *Gênero, sexualidade e educação*: uma perspectiva pós-estruturalista. Petrópolis: Vozes.

LOURO, G.L. (org.) (1999). *O corpo educado* – Pedagogias da sexualidade. Belo Horizonte: Autêntica, 1999.

MINISTÉRIO DA EDUCAÇÃO (1998). *Parâmetros Curriculares Nacionais* – Pluralidade Cultural e Orientação Sexual. Brasília: MEC.

MOITA LOPES, L.P. (2006). "Queering literacy teaching: analyzing gay-themed discourses in a fifth-grade class in Brazil". *Journal of Language, Identity and Education*, vol. 5, n. 1, p. 31-50.

_____ (2005). "A construção do gênero e do letramento na escola: como um tipo de conhecimento gera o outro". *Investigações*: linguística e teoria literária, vol. 17, n. 2, p. 47-68.

_____ (2002). *Identidades fragmentadas*. Campinas: Mercado de Letras, 2002.

MOITA LOPES, L.P. (org.) (2003). *Discursos de identidades*. Campinas: Mercado de Letras.

NELSON, C.D. (2006). A teoria *queer* em linguística aplicada: enigmas sobre "sair do armário" em salas de aula globalizadas. In: MOITA LOPES, L.P. (org.). *Por uma linguística aplicada indisciplinar*. São Paulo: Parábola.

PALMEIRA, M.C.A. (2006). *"Eu sou café com leite"*: a construção discursiva da identidade de raça em contexto de letramento escolar. Rio de Janeiro: UFRJ [Dissertação de mestrado].

ROLAND, B. (2003). A adolescência homoerótica no contexto escolar: uma história de vida. In: MOITA LOPES, L.P. (org.). *Discursos de identidades*. Campinas: Mercado de Letras.

SEDGWICK, E.K. (1994). *Epistemology of the closet*. Londres: Penguin Books.

SULLIVAN, N. (2003). *A critical introduction to queer theory*. Nova York: New York University Press.

VENN, C. (2000). *Occidentalism*: Modernity and subjectivity. Londres: Sage.

6

Ogan, adóṣu*, òjè, ègbónmi e ẹkẹdi
O candomblé também está na escola. Mas como?

Stela Guedes Caputo**

> *Os portugueses se interrogavam: onde*
> *desencantava ele tão maravilhosas criaturas?*
> *Onde, se eles tinham já desbravado os mais*
> *extensos matos? O vendedor se segredava,*
> *respondendo um riso. Os senhores receavam*
> *as suas próprias suspeições: teria aquele negro*
> *direito a ingressar num mundo onde eles*
> *careciam de acesso?*
>
> Couto, 1990: 65

1. Uma chance para esta conversa

Escrevo este texto para conversar com professores e professoras que estão nas escolas enfrentando inúmeras dificul-

---

* Nesse texto utilizarei (em itálico) as palavras em yorubá na forma como se escrevem. Para facilitar a compreensão vale o que ensina o professor Beniste. O sistema tonal é marcado por acentos em cima das vogais, que servem para dar um tom certo às palavras: o acento agudo indica uma entonação alta; o grave, uma queda de voz e, sem acento, um tom médio ou a voz natural. Em algumas letras se usa um ponto embaixo. O e E dão um som aberto; sem ele o som será fechado. Ṣ adquire o som de X ou CH, sem o ponto terá o som original da letra S (BENISTE, 2006: 13).

** Essa reflexão é resultado de minha Tese de doutorado defendida em 2005, na PUC-Rio, sob orientação da Profa. Vera Candau. Também é resultado da continuação da pesquisa sobre Educação em terreiros de candomblé que desenvolvo no Proped, da Uerj, como bolsista Prodoc, sob coordenação da Profa. Nilda Alves.

dades – falta de estrutura, de pessoal, baixos salários. Gostaria de iniciar um diálogo sobre um desafio, é verdade, mais um e, confesso, tenho medo. Tenho medo de que muitas e muitos, ao lerem o título desse texto, já tenham jogado o livro para o lado, dizendo: "não leio coisa de macumba!" Contudo, peço um esforço ou apenas uma chance para esta conversa. Quero iniciá-la apresentando algumas crianças e jovens que amo, admiro e respeito. São crianças de terreiros de candomblé que também estão nas escolas.

"Um ogan não vira no santo, não recebe o Òrìṣà. Ele tem outras funções no culto do candomblé. Toca os atabaques para que o Òrìṣà venha e incorpore em seu filho. Ele também ajuda a Mãe-de-santo em muitas outras coisas", me ensinou Ricardo Nery, aos 8 anos.

"Eu sou adóṣu, eu posso incorporar o Òrìṣà, só que ainda não aconteceu, mas estou me preparando. Fiz o santo com 11 anos, raspei a cabeça e me recolhi no hunko[1] durante 21 dias. Uma criança faz o santo como um adulto. Não há diferença", me ensinou Noam Moreira, aos 11.

"Já fiz minha obrigação de sete anos então sou ègbọ́nmi, se eu quisesse até podia abrir um terreiro e ser mãe-de-santo. Mas não é assim, falta a experiência. Fiz o santo porque vivia ficando doente. Sou filha de Yemọjá, Òṣun e Òṣàlá. Desde pequena todos brigam pela minha cabeça, geralmente quem ganha é Yemọjá. É ela quem incorpora", me ensinou Joyce dos Santos, aos 13 anos.

"Eu sou ọ̀jẹ̀. Eu não posso deixar a roupa do ègún encostar nas pessoas porque faz mal, pode até matar. Mas o ọ̀jẹ̀ usa

---

1. Quarto onde os que estão se iniciando ficam recolhidos. O tempo de recolhimento varia para cada terreiro. Alguns estabelecem 17, 16, outros, 21 dias.

uma vara, que chama ìṣan e não deixa o ègún encostar. O ègún? O ègún é o morto ué! Aquele vem dançar no terreiro", me ensinou Felipe Novaes dos Santos, aos 8 anos.

"As ẹkẹdis não incorporam não. A função delas é cuidar dos Òrìsadóṣuà quando eles estão aqui no Àiyé[2]. Eu gosto de secar o rostinho do Òrìṣà, depois ajudo ele a voltar para o Òrun", me ensinou Michele dos Santos, aos 15 anos.

Todas essas crianças e todos esses jovens, além de muitos outros que conheci, e alguns com os quais convivo há 16 anos, são do candomblé, uma religião afro-brasileira que cultua os Òrìṣà. Que religião é essa da qual esses meninos e meninas ensinam tanto e sentem tanto orgulho?

2. Um pouco sobre escravidão e candomblé

É difícil dizer a quantidade exata de homens, mulheres e crianças africanas arrancadas de seu continente e trazidas como escravos para o Brasil. Rui Barbosa, em 1890, era Ministro das Finanças e mandou queimar toda documentação sobre a escravidão. O sociólogo francês Roger Bastide, no livro *As religiões africanas no Brasil*, publicado em 1971, diz que esse gesto teve a intenção de apagar a mancha escravocrata do país, mas não facilitou a tarefa dos historiadores (p. 50). Depois de discutir dados fragmentados e hipóteses, ele menciona um *"acordo em relação a uma quantidade aproximada de 3 milhões e meio de negros chegados ao Brasil desde os primórdios da colonização até o fim do tráfico legal ou clandestino"* (p. 53). Mas a variação dos números continuou. Em 1985, no livro *Tumbeiros: o tráfico de escravos para o*

---

2. São duas as denominações que revelam os locais onde se desenvolve todo o processo de existência: o àiyé indica o mundo físico, habitado por todos os seres, a humanidade em geral, denominados *ara àiyé*; o *òrun*, que é o mundo sobrenatural, habitado pelas divindades. Os òrìṣà, ancestrais e todas as formas de espíritos são denominados *ara òrun* (BENISTE, 2006: 49).

Brasil, Edgar Robert Conrad[3], vai estimar em mais de 5 milhões o número de africanos escravizados trazidos para o Brasil, entre 1525 e 1851. Se pensarmos em relação ao continente americano como um todo, de acordo com Ellis Cashmore, *"antes do fim do tráfico de escravos em meados do século XIX, cerca de 12 a 15 milhões de africanos já haviam sido transportados para países da América do Norte, Central ou do Sul para trabalhar como escravos"* (2000: 189).

Quinze milhões de pessoas, de diferentes regiões da África, que traziam nos seus corpos e nos seus espíritos suas relações com a vida, a morte, as pessoas, a natureza, a palavra, a família, o sexo, a ancestralidade, Deus, energias, arte, comida, tempo, educação. Enfim, com suas formas de ver, pensar, sentir, falar e agir no mundo. Espalhados assim, formaram o que se chama de diáspora[4] africana, ou seja, os negros que,

---

3. São numerosas e discrepantes as estatísticas feitas por historiadores brasileiros e estrangeiros sobre o volume de escravos africanos trazidos para o Brasil e para o continente americano. Simonsen, Taunay, Holanda e Curtin vão fixar números entre 3,3 milhões a 3,65 milhões do total de escravos trazidos para o Brasil. Já Prado Jr., Mendonça e Calmon trabalham com números que vão de 5 a 8 milhões. Já para todo o continente americano, Philip Curtin avaliou o número do tráfico atlântico em 11 milhões de africanos (RODRIGUES, J., 2004: 28).

4. Extraída dos antigos termos gregos *dia* (através, por meio de) e *speirõ* (dispersão, disseminar ou dispersar, a palavra diáspora foi utilizada nos últimos anos de várias formas. Como categoria social, o termo acabou se relacionando quase exclusivamente à experiência judaica e seu traumático exílio de uma pátria histórica e sua dispersão por vários países. Com essas referências, as conotações de "diáspora" quase sempre foram negativas, por serem associadas a um deslocamento forçado, vitimização, alienação e perda. [...] Essas características acabaram por levar à aplicação comparativa do termo a populações como os armênios e os africanos. Como forma de construção cultural, o enfoque recai sobre a fluidez dos estilos construídos e das identidades entre os povos na diáspora. É importante ter em mente, de acordo com Stuart Hall, que as identidades culturais vêm de algum lugar, têm história e estão sujeitas a contínuas transformações ao longo do jogo da história, cultura e poder (verbete extraído do *Dicionário de Relações Étnicas e Raciais*, 2000: 167-168).

sequestrados de suas terras, levaram consigo suas tradições, mantendo-as e recriando-as no mundo, incluindo o Brasil.

A antropóloga Juana Elbein dos Santos explica que os africanos de origem Bantu, do Congo e de Angola foram trazidos para o Brasil durante o período da conquista e do desbravamento da colônia e espalhados em pequenos grupos por imensos territórios nos Estados do Rio de Janeiro, São Paulo, Espírito Santo e Minas Gerais, numa época de comunicações difíceis e com centros urbanos começando a nascer (1986: 31). Já os Nagôs[5], diz Santos, foram trazidos durante o último período da escravidão e concentrados em zonas urbanas, em pleno apogeu dos estados do Norte e do Nordeste, Bahia e Pernambuco, particularmente nas capitais desses estados, Salvador e Recife. Segundo essa pesquisadora, o comércio intenso entre Bahia e a costa africana manteve os Nagôs do Brasil em contato permanente com suas terras de origem.

Assim, chegava ao Brasil uma tradição vivenciada, sobretudo, no culto aos ancestrais e aos Òrìṣà, chamada em Pernambuco de Ṣàngó e na Bahia de candomblé, que acabou sendo o nome que aglutinou várias expressões religiosas de diferentes grupos africanos. A prática dessa religião acontece em espaços chamados de *ilé* (casa, em yorubá), roça, *egbé* (comunidade, sociedade) ou terreiro. E são nos terreiros de candomblé que crianças, jovens e adultos também mantêm e renovam a tradição.

---

5. Todos os diversos grupos provenientes do sul e do centro do Daomé e do sudeste da Nigéria, de uma vasta região que se conveniona chamar de *Yoru baland*, são conhecidos no Brasil sob o nome genérico de Nagôs, originados de diferentes reinos como os Ketu, Sabe, Òyó, Ègbá, Ègbado, Ijesa, Ijebu. O idioma é também chamado de yorubá (SANTOS, 1986: 29). Todos os povos de origem Yorubá foram chamados de Nagôs pelos franceses (p. 30).

3. Crescendo nos terreiros

Ogan, adóṣu, ọ̀jẹ̀, ègbọ́nmi e *ẹkẹdi* são atribuições do candomblé assumidas por adultos e também por crianças, desde que preparados durante um longo processo. Por isso, em terreiros, vemos pés ainda bem pequenos gingando, as crianças nas rodas de santo, nas obrigações, nas festas. Aprendem a cultuar os *Òrìṣà* e a torná-los o centro de suas vidas. Assim como os adultos, no candomblé, para se tornar um filho ou uma filha-de-santo é preciso ser iniciado, ser "feito no santo", o que significa nascer outra vez e para uma nova vida completamente dedicada aos *Òrìṣà*. *"Significa constituir uma nova família, a família-de-santo. Tudo na vida da pessoa muda e ela ganha, inclusive, um novo nome, o orukó, seu nome iniciático"*, explica Mãe Palmira de *Yánsàn*, avó de Ricardo Nery e *Ìyalórìṣá*[6] do Ilé Omo Ọya Leji, em Mesquita, na Baixada Fluminense[7].

Para ser iniciado no terreiro de Mãe Palmira o tempo de recolhimento é o mesmo, tanto para o adulto como para uma criança ou adolescente. Ao todo são 17 dias de reclusão total, contados a partir da entrada até o dia da festa da saída. É nesse recolhimento que ocorrem as bases dos ensinamentos do candomblé e onde a pessoa que se inicia também será observada e orientada a fim de aprender a controlar as manifestações de seu santo, a conhecer algumas proibições impostas

---

6. Íya (mãe) que tem o conhecimento do *Òrìṣà*. Ela é a dirigente feminina do terreiro, conhecida como mãe-de-santo. No caso de *Bàbálórìṣà* – *Bàbá* (pai) que tem o conhecimento do *Òrìṣà*. O dirigente masculino, conhecido como pai-de-santo.

7. Conheci Mãe Palmira na noite de 13 de outubro de 1992, quando cheguei à sua casa como repórter do jornal O *Dia*. De lá para cá passei a desenvolver pesquisas sobre crianças no candomblé, mais detidamente neste terreiro.

pela ligação ao Òrìṣà, o èèwó, ou a *kizila*[8] *do santo*. Essas proibições não estão restritas ao que não se deve comer, mas também ao que vestir, por exemplo. Em todas essas etapas, o iniciado é auxiliado por sua "mãe criadeira" (*Ajíbónan*). No terreiro de Palmira de *Yánsàn* as crianças podem ser iniciadas a partir de dois anos. *"Em raríssimos casos, se o Òrìṣà determinar e for caso de vida ou de morte, inicio com menos"*, afirma a mãe-de-santo[9].

Outro elemento que merece destaque é que as crianças estão misturadas aos adultos nos terreiros, mas esta relação não se dá com o poder do primeiro sobre o segundo. As crianças respeitam os mais velhos, mas são igualmente respeitadas por eles. No terreiro, é o tempo que a pessoa tem de iniciado que conta e a *antiguidade iniciática* é superior à idade real. Se um adulto chega ao terreiro para começar a aprender a religião, uma criança já iniciada pode, perfeitamente, ser responsabilizada para lhe passar os ensinamentos.

3.1 O yorubá: a língua que circula nos terreiros

Nos terreiros o yorubá é vivenciado, seja nas cantigas ou nos *oríkì*, que são as frases de louvação aos Òrìṣà. Em yorubá também se dizem os nomes das comidas dadas a essas entidades, como, por exemplo, o *àmala* – a comida predileta de Ṣàngó, feita com quiabo, camarão seco e azeite-de-dendê. Os

---

8. O termo significa ojeriza, aversão, implicância. Também revela uma proibição ritual, tabu alimentar ou de outra natureza. Do termo multilinguístico *Kijila* (quimbundo), ou *Kizila* (quinguana), proibição, castidade, jejum, etc. (verbete em LOPES, 2003: 191).

9. No terreiro de Mãe Beata, em Miguel Couto, também na Baixada, as crianças podem ser iniciadas a partir de um mês de idade. Cada casa, de acordo com seus próprios princípios, determina o momento da iniciação e o jogo de búzios define o tempo de recolhimento. Publiquei um artigo a esse respeito no livro organizado por Vera Candau *Educação intercultural e cotidiano escolar*. Rio de Janeiro: Sete Letras, 2006: 180-207).

artefatos encontrados nos terreiros e utilizados nos rituais também são nomeados em yorubá. Diz-se *igbá* para cabaça ou assentamento do Òrìṣà e *àajá* para o instrumento ritual feito uma campainha metálica.

Esta língua também nomeia os cargos adquiridos pelos iniciados e iniciadas como estamos vendo: *ègbónmi, ogan, adóṣù* e outros. Nomeia os ritos sagrados, como o *ebòo-rí* que, literalmente, quer dizer *"dar de comer à cabeça"* e que tem por objetivo fortalecer a cabeça de quem o faz. Já *àṣẹṣẹ*, é o ritual fúnebre no candomblé. Expressões em yorubá circulam na vida dos praticantes do culto no espaço do ritual e no espaço cotidiano. Assim, conversando com um adulto, jovem ou criança de candomblé, vamos ouvir essas palavras sagradas marcarem sua comunicação. É comum ouvir *"Isso não fez bem ao meu Orí"*, ou seja, *"Não fez bem à minha cabeça"*. Mas há um domínio completo do yorubá por todos os membros dos terreiros? E as crianças aprendem yorubá? Vejamos...

Na verdade, o yorubá circula nos terreiros mais como um conjunto de vocabulários do que propriamente como a língua falada. Muitos candomblecistas sabem para que Òrìṣà estão cantando e o momento certo dos cânticos, mas não entendem completamente o significado daquilo que cantam.

Os terreiros também lidam com isso de maneira diferenciada. Alguns não acham importante entender completamente a tradução das cantigas e seguem sem se preocupar muito com isso. Outros, como o de Mãe Palmira, acreditam que cada vez é mais necessário entender o idioma. *"Para aumentarmos nosso próprio conhecimento sobre a religião"*, diz a mãe-de-santo. No Ilé Omiojuaro, de Mãe Beata, há alguns anos, sempre no primeiro sábado de cada mês, acontece uma atividade chamada de "Feijão de Òṣóòsí", em que, entre outras coisas, são ministradas aulas de yorubá no próprio terreiro, frequentadas por membros da comunidade. *"Compreender a língua atua como parte fundamental em nosso processo de construção de identidade, de pertencimento"*, afirma Adailton Moreira, filho de Mãe Beata e um dos professores da língua.

O professor de yorubá, José Beniste, concorda e diz que este é um idioma como outro qualquer, que tem de ser estudado em sala de aula, diante de um professor, e exige exercícios. Para ele, no passado, o yorubá não interessou a muitos praticantes de candomblé; entre outras coisas, pela falta de escolaridade das pessoas do culto. *"Para aprender um idioma, a pessoa tem que entender também o seu. Muitos cantam sabendo a finalidade, porém sem saber o que estão dizendo. Repetem o que ouviram, só isso. O candomblé chegou até os dias atuais desta forma. Foi bom, foi importante. Agora é preciso estudá-lo, entendê-lo, e isto só poderá ser feito estudando seu idioma, no mesmo nível do aprendizado ritualístico. O idioma mantido nas casas de candomblé foi importante por impedir interferências de outras culturas religiosas. O que eu quero dizer é o seguinte: ao se cantar, louvar, rezar, só se faz para o orixá, e nunca para santos católicos. Conhecer o idioma é sentir as coisas com emoção e mais sentimento. Caso contrário, teremos a mesma reação dos papagaios, que ouvem e repetem, sem saber o que estão dizendo"*, diz Beniste[10]. A relação com o idioma yorubá será abordada em algumas histórias relatadas adiante.

4. Uma ventania incendiada

Quando eu o vi pela primeira vez, ele tinha 4 anos e precisava de uma almofada para poder alcançar o atabaque. Escondia a chupeta atrás das costas, vestia uma camisa branca e colocava o colar de *Ṣàngó, Òrìṣà* do fogo, do trovão, da justi-

---

10. Conversei com o Professor José Beniste algumas vezes, por correio eletrônico, e pessoalmente, durante as aulas de yorubá, em seu curso, no Icapra, a respeito de algumas questões para este texto.

ça e de quem é filho. Depois dessa preparação, o menino bochechudinho e meio emburrado mordia o lábio inferior da boca, erguia as mãos e as lançava contra o atabaque. Uma e outra vez, e depois inúmeras vezes, numa ventania incendiada. Era noite de 13 de outubro de 1992. Ali eu conheci a força de Ṣàngó, ali eu senti, pela primeira vez, que tudo em diante seria diferente. Ali eu conheci Ricardo Nery.

A ventania incendiada eu senti, mas só aos poucos fui compreendendo por quê. Ricardo, que fará 20 anos em dezembro desse ano, é filho de Ṣàngó, Òrìṣà do fogo, mas aos 2 anos foi "suspenso" ogan por Yánsàn, Òrìṣà do vento. Ele mesmo, aos 8 anos, me diria que não há problema em ser filho de um Òrìṣà e ogan de outro. "Eu sou filho de Ṣàngó, mas foi Yánsàn que veio ao terreiro e disse que era para eu ser ogan. Assim é que se fala suspenso, apontado ogan", explicou. Além de não haver mesmo problema, o encontro dos dois Òrìṣà reúne em Ricardo o vento e o fogo; quem o conhece sabe do que estou falando.

Já naquela noite, reparei que, ao tocar, às vezes Ricardo segurava uma das varas (àtòri) com a boca e batia no couro do tambor com as costas da mão direita. "É um gesto ancestral, ninguém ensinou", me revelou Mãe Palmira, ainda em 1992. Eu começaria a perceber, então, que na espinha dorsal do aprendizado em terreiros estão o respeito e o amor aos ancestrais e aos Òrìṣà.

Aliás, os Òrìṣà definem o odù, ou seja, o destino do iniciado. Isso inclui, como vimos, a função que a pessoa terá no culto, o que ela deve, pode ou não comer e vestir e, muitas vezes, é associado também à própria personalidade de seu filho. Ricardo é filho de Ṣàngó, das características de seu Òrìṣà em si mesmo. Ele me disse outro dia, conversando pelo MSN: "Tenho algumas características de Ṣàngó sim. Como ele é o Òrìṣà da justiça, também não gosto de injustiças. Além disso, dizem que ele era mulherengo".

Dá para ver que o "menino bochechudinho e meio emburrado" que conheci há 16 anos cresceu e virou um jovem, digamos, espirituoso e com muito senso de humor. Como a maioria dos jovens de hoje, Ricardo ama internet e vê nessa ferramenta mais uma possibilidade para aprender coisas sobre sua religião. *"Uso para fazer muitas pesquisas sobre o candomblé, aprendo muito, mas nada substitui o que se aprende nos terreiros com os mais velhos. Não vejo contradição e, se houver, a palavra final fica com minha avó, a mãe-de-santo".*

A respeito do idioma yorubá, Ricardo afirma que entende muita coisa, mas não tudo. *"Não dá para dizer que compreendo o significado de todas as cantigas em yorubá, mas sei grande parte, a gente vai repetindo durante toda a vida, aprende com os mais velhos, erra aqui, acerta depois, vai memorizando e passa a fazer os toques e a cantar mais corretamente"*, revela o ogan.

5. Noam, filho da luz, filho de Oṣàlá

No Ilé Omiojuaro, terreiro de Mãe Beata de Yemọjá, outra importante Ìyalorìṣa da Baixada, também existem muitas crianças e jovens. Numa noite fria de julho de 2004, durante uma festa, reparei num menino que durante toda noite dançou, cantou, ajudou incansavelmente em inúmeras tarefas até quase amanhecer o dia. Era Noam de Oṣàlá[11] de 14 anos, neto de Beata. Noam sabe que vai incorporar Òrìṣà. Ele não é ogan, os *ogans* não incorporam Òrìṣà, nem as *ekedis*. Ele é *adóṣù*, um *rodante*. Os *adóṣù*, como explica o Professor José Beniste, são pessoas devidamente raspadas e que passam por um ritual bem mais complexo e demorado (BENISTE, 2001: 164). Iniciado aos 11 anos, Noam ficou recolhido durante 21 dias e raspou a cabeça, estabelecendo o vínculo com seu Òrì-

---

11. O mais poderoso dos Òrìṣà no candomblé brasileiro. Associado à origem e à criação.

șà. Mas "fazer o santo" não significa incorporar imediatamente. Em algumas pessoas sim, em outras, não. "*Não incorporei ainda. Há um tempo para o Òrìṣà se aproximar. Sei que vai acontecer e me preparo*", diz o menino, aos 16 anos.

A respeito do aprendizado em terreiros, Noam afirma: "*Eu aprendo errando. Quando a gente erra é bom porque vem alguém e diz como é. Aí a gente repete a gestualidade, dança certo, canta do jeito certo. Mas também se não tiver pé de dança não adianta que não vai fazer direito nunca*", conta o filho de Oṣàlá, que também associa algumas características próprias ao seu Òrìṣà. "*Sou bem calmo, não gosto de bebidas alcoólicas e detesto confusão. Usar roupa escura nem pensar, é kizila de meu Òrìṣà. Para Oṣàlá, só as roupas brancas ou bem claras agradam*", explica.

Filho de Mãe Beata, Adailton Moreira, *bàbá-egbé (pai da comunidade), do Ilê Omiojuaro, é tio de Noam. De acordo com ele, o acesso aos segredos do culto (awo)* é permitido tanto aos adultos quanto às crianças e jovens, desde que iniciados. "*Não há nenhuma interdição específica às crianças pelo fato de serem crianças. Elas são iniciadas e passam a ter acesso ao segredo como qualquer outro iniciado. Apenas cuidamos e reforçamos, mais com as crianças, quanto ao fato de saberem manter o segredo, que não pode ser dito em brincadeiras, por exemplo*", diz. Ele não sabe precisar o número de vezes que já solicitou a crianças para que passem ensinamentos a um adulto não iniciado ou "feito" recentemente. "*E sempre fico muito tranquilo porque é a iniciação que conta, não a idade cronológica*", assegura Adailton[12]. Quando se pesquisa em terreiros logo se percebe que as crianças sabem muito bem lidar com o limite do que podem ou não revelar. Nas conversas, quando sentem que as perguntas ultrapassam esse limite,

---

12. Adailton fala de seu terreiro, mas diz que, em geral, a relação com as crianças de terreiros não difere muito no candomblé. Mãe Beata concorda.

respondem: "*Isso é* awo *e só quem pode falar sobre isso é a mãe-de-santo*", já disse também Noam inúmeras vezes.

Fazer parte do candomblé exige muita responsabilidade e as crianças e jovens sabem disso. "*Por isso é bom começar cedo e ir aprendendo as coisas desde cedo. Conforme as obrigações*[13] *vão passando, vamos aprendendo mais, sabendo mais sobre os segredos do culto, aprendendo mais o yorubá, que acho importante saber sim para não cantar errado para o Òrìṣà*", afirma Noam, que distingue dois espaços em sua vida. "*Um é o espaço do terreiro, é aqui dentro. O outro é a vida lá fora. Lá fora levo uma vida como outro jovem qualquer, mas guardando as determinações do Òrìṣà*", explica. Uma vez perguntei a Noam qual a diferença entre aprender na escola e aprender no terreiro? "*Na escola chega até a ser mais divertido. Aqui a coisa é muito séria, é muita responsabilidade. Aqui há coisas que só ficam aqui, não saem daqui*", respondeu.

6. Felipe: um grande sacerdote desde os 5 anos

"*O ègún é o morto ué! Aquele que vem dançar no terreiro*" me disse Felipe, não sem um certo espanto diante da minha pergunta, que revelava meu desconhecimento a respeito de uma informação completamente natural para ele. Aliás, durante todo esse tempo de conversas com crianças e jovens de terreiros, frequentemente me percebo diante de rostos com sobrancelhas franzidas, o cantinho da boca torcido naquela expressão de "*como é que ela não sabe disso!?*" E me ensinam sempre, mas

---

13. São as etapas que vão marcando o crescimento da pessoa no terreiro. São realizadas após a iniciação, em geral com 1 ano, 3 anos, 7 anos, dependendo muito de cada terreiro.

só o que é permitido. Para além do permitido está o *awo*[14], o segredo do culto que não pode ser revelado e que as crianças de terreiros, repito, aprendem muito cedo a guardar. "*Os mortos dançam entre nós, os vivos!*" – contou-me Felipe. Mas quem são esses mortos? E como dançam nos terreiros?

Disse anteriormente que os nagôs trouxeram para o Brasil sua tradição baseada no culto aos ancestrais e aos Òrìṣà. E qual a diferença entre um e outro? Uma vez perguntei a Felipe se *ègún* era orixá. Ele me respondeu: "*Nãããão! Òrìṣà é Òrìṣà. Yánsàn é o vento, Ṣàngó é o trovão. Ègún é meu bisavô que já morreu e volta aqui no terreiro para dançar e ficar um pouco com a gente no dia da festa dele. Mas outros ègúns chegam também, não é só ele não*".

O falecido bisavô de Felipe chamava-se Fernando Vitoriano dos Santos, mas a cada ano, no último sábado de julho, ele volta na forma de *Bàbá Onila*. Em 30 de julho de 2005, eu estava na festa para vê-lo voltar, dançar e falar com sua família e comunidade. E, como disse Felipe, mais uns dez *ègúns* dançaram com ele naquela noite.

No candomblé há dois tipos de cultos bem distintos. Um chamado de *lẹ́ṣẹ̀-ègún* e outro chamado de *lẹ́ṣẹ̀-Òrìṣà*. São rituais diferentes e praticados em terreiros diferentes. Contudo, isso não impede que uma pessoa tenha cargo ritual nos dois tipos de cultos. Como explicou Felipe, os Òrìṣà são entendidos como energias ligadas à natureza e também à cria-

---

14. Há dois tipos de expressões em yorubá para a palavra segredo: *èke* significa um segredo comum, "vou te contar um segredo, amanhã não haverá festa". A outra expressão é *awo*, que fala do segredo mais profundo, o segredo do ritual. A explicação me foi dada pelo Professor José Beniste, durante o curso de yorubá, no dia 14 de julho de 2007.

ção do próprio mundo[15]. O *ègún* é o antepassado, masculino, importante para a família que, de acordo com a tradição, depois de disciplinado, recebe a roupa ritual. É nesta roupa colorida, adornada com muitos bordados e espelhos, que o *ègún* aparece no terreiro totalmente coberto por ela. A família e a comunidade comparecem à festa para receber o *àṣe*, ou seja, a energia, a força, do *ègún*, além de seus conselhos e recados. O *ègún* é acolhido com cânticos, frases de louvação e perfume, borrifado várias vezes sobre sua roupa. Também há um grande mistério e temor em torno do *ègún*, pois as forças que ele movimenta estão ligadas à *ikú*, a morte.

O poder no culto ao *ègún* é masculino. Só os ancestrais masculinos adquirem a forma de Bàbá (pai). Na hierarquia do culto, só os homens podem ser sacerdotes. Algumas mulheres chegam a obter títulos importantes, mas jamais conhecerão os segredos do culto. Em geral, nas festas dos Bàbás, elas cantam, batem palmas durante toda noite e ajudam na organização e cuidados da festa. *"Nossa função é essa, é assim que aprendemos e assim que fazemos, mas não nos sentimos inferiores, nosso papel é muito importante no terreiro"*, diz Jaciara dos Santos, mãe de Felipe e integrante também do culto.

Os homens iniciados no culto ao *ègún* começam pelo cargo ritual denominado *amúìṣan*, que significa os "portadores do *iṣan*", a vara ritual. Estes ainda não conhecem o segredo do culto, também não invocam os Bàbá-*ègún*. Eles ajudam os *òjẹ̀*, que são os sacerdotes iniciados no segredo. Os *òjẹ̀* invocam e controlam os *ègún* quando estão no barracão do terreiro, local onde acontecem as festas. As duas funções na hierar-

---

15. Alguns autores, diz Santos, sustentam que os Òrìṣà são ancestrais divinizados que, através de atos excepcionais durante a vida, transcenderam os limites de sua família ou dinastia e de ancestres familiares passaram a ser cultuados por outros clãs até se tornarem entidades de culto. (SANTOS, 1993: 102).

quia do culto exigem muito preparo e dedicação. Para um *amúîsan* ser escolhido *òję* ele deverá se mostrar merecedor do cargo e, acima de tudo, provar que saberá guardar o *awo*.

Felipe foi suspenso, ou seja, indicado para ser *amúìsan* aos 4 anos e, aos 5, já se tornava *òję*. A determinação foi dada pelo próprio Bàbá Onilá, chefe do Ilé Bàbá Onilá, em Jardim Redentor, na Baixada Fluminense, um dos mais tradicionais e raros terreiros de culto a *ègún* do Rio de Janeiro e dirigido pelo Òję Laelson Vitoriano dos Santos, avô de Felipe. Jaciara e Roberto dos Santos são os pais do menino. O fundamental nesta parte do candomblé, explica Roberto, é manter a tradição do culto aos mortos. "*O ègún está morto, mas vem ao terreiro para receber as oferendas e conversar com os descendentes vivos. Os òję são os responsáveis por fazer esse contato*", diz Roberto, que também é *òję* há mais de 20 anos. Para os pais, é natural que os filhos ingressem no culto porque a tradição familiar fica garantida. Mas Jaciara diz que já se preocupou muito. "*No começo eu chorava porque tinha muito medo do ègún machucar meu filho que era tão pequenininho, mas depois vi que ele dava conta*", revela.

Felipe tem 10 anos e encara com extremo respeito, dedicação e seriedade sua função, seu cargo no culto. Também não poderia ser diferente. Ao se tornar *òję*, o homem, seja um menino ou um adulto, celebra um pacto com a Terra e com os espíritos. Um pacto que, de novo, envolve a manutenção e proteção dos segredos rituais e não podem ser quebrados de modo algum. "*Eu gosto do culto, é bom ser òję, tocar para o Bàbá, e as festas são lindas!*", diz Felipe.

Há punições severas para os que não se portam à altura do cargo para os quais foram escolhidos. Presenciei o ritual de passagem de um *amúìsan* que estava se confirmando *òję*. Pouco antes do dia amanhecer, já quase no final da celebração, Laelson dizia ao jovem que se tornava *òję*: "*Em qualquer lugar que você for, você será dessa casa, essa casa vai com você. Mas se você errar, se você vacilar, esse não será mais o seu lugar*".

164

6.1 O terreiro e a casa

Os segredos do ritual ficam guardados. Mas a religião é central na vida de todos os membros do culto que aqui, além de obedecerem ao Òrìṣà, obedecem também ao èegún. Como frequento as festas e a casa da família, percebo que há diversos elementos e mesmo práticas do culto que atravessam as fronteiras do terreiro e se espalham na vida cotidiana de seus membros. Justamente por isso: não há fronteira para a religiosidade dos praticantes do candomblé, porque a religião é a vida dos candomblecistas.

Felipe tem dois irmãos: Paulo, de 16 anos, e Fernanda, de 14. Ambos participam do culto, mas não possuem cargos. Enquanto brincam ou ajudam nas tarefas da casa, todos cantam cantigas das festas, relembram histórias, batem atabaque. Atabaque? Na verdade, como são proibidos de "brincar" com os atabaques do terreiro (que fica ao lado da casa da família), eles recorreram aos baldes da casa. Depois de destruírem vários, foram proibidos pela mãe. *"E eu posso ficar comprando balde pra servir de atabaque?"*, repreende Jaciara.

Eles também disputam quem sabe mais e a disputa é acirrada. Como o culto e o poder são masculinos, a disputa fica mesmo entre os irmãos Paulinho e Felipe. Aliás, como irmão mais velho, Paulinho se ressente de ainda não ter recebido um cargo na casa. Mas, mesmo sem cargo, ele é considerado o braço direito do avô nas festas. No toque do atabaque, os irmãos – incluindo Fernanda, que também entra como juíza – e a mãe concordam que o vencedor é Felipe. Já nas cantigas em yorubá, quem ganha é Paulinho, que, além de todos os cânticos, sabe muito sobre os fundamentos do culto; mas nem Felipe nem Fernanda ficam atrás. Os dois cantam todas as cantigas também. Quanto à distinção das folhas rituais, Felipe, afirmam: sabe mais. Mas, nesse caso, arrisco que os três sabem muito. Certa vez passeamos todos juntos num lugar com muitas plantas, árvores, ervas. No caminho, todos foram me ensinando cantigas das festas e reconhecendo igualmente as folhas que encontrávamos. *Isso é um para-raio! Lá... um abre-caminho! Uma colônia... cana-do-brejo... Ih! Quando tiver festa no terreiro a gente vem aqui buscar essas folhas!*

7. Joyce de Yemọjá: o amor do tamanho de todo mar

"Yemọjá é a dona do mar, um dos mais belos Òrìṣà. Meu amor por ela é grande como o mar, todo mar", me disse Joyce, aos 13 anos, quando a conheci. Foi Joyce também quem me ensinou o que era ser uma *ègbọ́nmi*, neste caso, alguém que já passou pela obrigação dos sete anos depois de iniciada. Quem possui esse cargo, como explicou Joyce, já pode abrir sua própria casa de santo. Mas, em seu depoimento, a menina revela que o mais importante para o aprendizado em terreiros é a experiência, a vivência no cotidiano do candomblé. Joyce também me falou sobre as *kisilas*, as interdições ou certas proibições sobre o que se pode ou não comer e vestir, sempre determinadas pelo *Òrìṣà* da pessoa. Por causa de *Yemọjá*, Joyce não pode comer lula ou peixe de pele, porque *"empola toda"*. Quando as *kizilas* não são respeitadas, coisas ruins também podem acontecer na vida dos adeptos. *"Nossa vida pode andar para trás"*, diz Joyce.

Foi com ela que também refleti sobre alguns caminhos que levam uma pessoa a chegar ao candomblé e a fazer o santo, se for o caso. Joyce, por exemplo, antes de ser iniciada vivia doente e os médicos não sabiam dizer o que era. Essa é razão verificada em vários depoimentos de candomblecistas. Outras, ouvidas em outros momentos e de outras pessoas, referem-se a dificuldades em arrumar emprego, ou de se sentir equilibrado com a vida e até mesmo envolvimento com drogas e mesmo crimes. Contudo, a razão mais observada nas pesquisas diz respeito ao parentesco. Normalmente, a filha-de-santo leva seus filhos quando precisa estar no terreiro.

A criança passa a frequentar as festas e um dia poderá ser "suspensa", indicada por um Òrìṣà para iniciar a "vida no santo". A avó de Joyce, Dona Aildes Batista Lopes, dona Didi, tinha um terreiro onde Joyce e seus irmãos foram criados. O contato com o candomblé aconteceu cedo e a menina foi iniciada aos 3 anos. A tradição parece que vai ser mantida com os descendentes de Joyce. Hoje, aos 22 anos, ela tem um filho, Pablo, de 3 anos, que já foi "oferecido" a Ṣàngó. Quem vê o menino no terreiro segurando a iṣan com toda postura de um òjè não tem a menor dúvida do que vai acontecer.

Até aqui falei do orgulho que crianças e jovens de candomblé sentem de sua religião. Espero ter podido demonstrar, pelo menos um pouquinho, o quanto conhecem, o quanto sabem, o quanto ensinam. Veremos agora o quanto são discriminados e, por isso, o quanto silenciam. Começarei esta outra parte de nossa conversa falando de duas irmãs ẹkẹdis e de uma mãe-de-santo que gostaria muito de ter conhecido.

8. A ex-escrava Marcelina da Silva e as irmãs Michele e Alessandra dos Santos

O que alguém que morreu em 1885 guarda em comum com duas irmãs que nasceram na década de 1990? Para responder a esta questão gostaria de trazer para nossa conversa Marcelina da Silva, natural da Costa da África, que veio para o Brasil como escrava e foi posteriormente libertada. Marcelina da Silva, também chamada Marcelina Obatossi, foi a segunda mãe-de-santo[16] do terreiro conhecido como Casa Branca do Engenho Velho, uma das primeiras e mais prestigiosas

---

16. A primeira foi Ìyánasso. Este terreiro também é conhecido pelo nome Ilé Ìyánasso, que significa em yorubá: "Casa de Ìyánasso". (VERGER, 1992: 89-90).

casas de candomblé ketu (nagô-yorubá) da Bahia (VERGER, 1992: 89).

Nesse mesmo livro, Verger revela a existência de dois testamentos de Marcelina, um branco, outro negro. No primeiro, essa tão importante sacerdotisa do candomblé declara que é cristã e encomenda sua alma a Maria Santíssima, determinando à testamenteira, sua filha Maria Magdalena da Silva, que mandasse celebrar missa no dia de sua morte e mais sete missas durante os sete primeiros dias. Recomenda, ainda, mais três missas: uma pela alma de seu ex-senhor José Pedro Autram, sua esposa e filha. Este seria, diz Verger, "o retrato branco da testadora" (p. 88).

Já o que Verger trata por "retrato negro" teria sido repassado à filha pela tradição oral e seria bem diferente do texto escrito. A filha, como primeira testamenteira da mãe, sabia que deveria cumprir o ritual do *àṣèṣè*, o ritual fúnebre dedicado aos membros importantes do culto ketu-nagô.

É importante ressaltar que Verger está se baseando nos estudos de Maria Inês Cortes de Oliveira, particularmente, no livro O *liberto: o seu mundo e os outros*, publicado em 1988, que afirma:

> Os africanos conseguiram sua sobrevivência como raça e como cultura, resistindo de uma forma tão sutilmente inteligente que foi confundida com aceitação dos cânones brancos ou com inferioridade cultural. Quando fomos até os testamentos, inicialmente nos espantamos com a falta de pistas deixadas pelos africanos quanto à sua própria cultura, até que nos apercebemos de que o maior vestígio era o silêncio (apud VERGER, 1992: 87).

Sabemos que o candomblé, como toda religião afrodescendente, é cercado de segredos e mistérios. Mas aqui, o silêncio não tem a ver com os segredos dos rituais. Ele foi imposto aos escravos desde o início de sua chegada ao nosso país. Os negros eram batizados com outros nomes e obrigados a aceitarem ou, pelo menos, a dizer que aceitavam a religião do senhor branco: o catolicismo. Beniste (2006: 27) lembra que as medidas oficiais começaram a surgir a partir da Assembleia Constituinte de 1823 que, no seu artigo 16, a respeito da liberdade religiosa, dizia que a religião católica apostólica romana era a religião do Estado por excelência, e a única mantida por ele. Ainda de acordo com Beniste, em 1831, o Império do Brasil passava a ter o seu 1º Código Criminal que, em seu artigo 276, considerava como ofensa à religião celebrar culto ou outra religião que não fosse a do Estado.

> Era de alçada do chefe da polícia o respectivo julgamento que constava de demolição do prédio e multa de 12$000, valor da época. Essa determinação perdurou por quase 60 anos. O estado de pobreza extrema não permitiu aos escravos e ex-escravos darem-se ao luxo de possuir uma casa especial destinada a seus cultos. Por isso mesmo procuravam realizá-los na calada da noite, no recesso das senzalas após o estafante trabalho a que eram submetidos. No decorrer do tempo, praticavam-nos nos fundos das casas e sempre de forma modesta. E foi dessa forma que os primeiros candomblés, tanto no Rio como os de Salvador, se instalaram como cultos domésticos (BENISTE, 2006: 28).

Apenas quatro anos depois da morte de Marcelina Obatossi, ou seja, em 1889, com a Proclamação da República, um decreto determinou a separação da Igreja e do Estado. Nas diferentes reformas constitucionais (1891, 1926 e 1934), como lembra Beniste, a liberdade de culto foi mantida, embora, diz o autor, "como já ocorrera no Império e mesmo na República, esses atos não impediram que as autoridades policiais invadissem os locais em que se celebravam os cultos africanos, agredindo as pessoas e levando-as à prisão" (p. 29).

O que há então de comum entre Marcelina Obatossi e as irmãs Michele dos Santos, hoje com 17 anos, e Alessandra, com 14 anos? A primeira coisa é que as três são negras, sendo que as duas irmãs, obviamente, já nasceram livres. A segunda é que Michele e Alessandra mantêm a tradição iniciada no Brasil também por Marcelina, bem como o amor ao candomblé. A terceira, o silêncio, ainda utilizado por muitos candomblecistas, em alguns espaços, como estratégia contra a perseguição. Mesmo as irmãs, tendo nascido tanto tempo depois de Marcelina e da liberdade religiosa ter garantia de lei, quando perguntadas, afirmam que são católicas. A propósito, Michele e Alessandra são nomes fictícios[17]. A pedido delas, o anonimato, aqui, também funciona como mais uma estratégia contra a discriminação.

Michele foi prometida no ventre à Ọ̀ṣun, Òrìṣà das águas doces, quando sua mãe estava grávida. Alessandra, três anos mais nova, foi prometida da mesma forma, só que para Yánsàn, Òrìṣà dos ventos. As meninas, assim como muitas crianças filhos e filhas de filhos-de-santo, praticamente nasceram no terreiro frequentado por sua mãe, neste caso, o Axé Opó Afonjá (também de nação ketu) localizado em Coelho da Rocha, Baixada Fluminense. "Eu ia e levava as duas", diz a mãe, dona Conceição. Desde bem pequenas, elas mal ouviam o som dos atabaques, perguntavam ansiosas: "Onde é a macumba?"

Ambas foram preparadas pelo terreiro e pela família, até que a primeira foi confirmada ẹkẹdi, aos 12 anos e, a segunda, aos 9 anos. Como vimos, as ẹkẹdis não incorporam e têm por função principal cuidar dos Òrìṣà quando estão no terreiro. A festa de confirmação das duas irmãs aconteceu no mesmo dia, 20 de julho de 2002, festa de Yemọjá, Òrìṣà das águas do mar. "Eu amo o candomblé", diz Michele. "Amo a hierarquia, as festas, os rituais, os Òrìṣà", acrescenta. Para ela, contudo, existe ainda um motivo mais forte para tanta convicção. "Sou negra! O candomblé é uma religião negra! E

---

17. As outras crianças e jovens, bem como seus pais, autorizam a utilização de seus nomes verdadeiros.

todos nós, os negros, devíamos ser do candomblé, isso nos faria ser mais unidos e mais fortes", disse-me a menina. Contudo, sua firmeza diminui quando fala sobre preconceito e a vergonha toma o lugar do orgulho. *"É muita zoação. Não dá para aguentar"*. Ao falar da escola, a voz enfraquece, quase some. *"Na escola é muito pior"*, afirma.

Alessandra diz também que, na rua, é chamada de macumbeira[18]. Qualquer briga corriqueira com colegas acaba no que para eles (os colegas) é um xingamento: *"Sua macumbeira!"* As meninas só se sentem à vontade para expressarem sua fé no terreiro e, para serem mais aceitas socialmente, as duas chegaram a fazer Primeira Comunhão e participaram de grupos jovens de Igreja Católica. *"É porque a gente não aguenta o preconceito, mas também não agüentamos ficar no grupo jovem. Não tem atabaque, não tem nossas danças e cantos. O candomblé é muito mais alegre"*, diz Alessandra.

9. Orgulho no terreiro, vergonha na escola. Por quê?

Por que Alessandra e Michele sentem tanta vergonha na escola? Certamente, esse sentimento de vergonha e o medo da discriminação não "surgiram" à toa. Como vimos, eles vêm sendo construídos há muito tempo e atingindo muitas gerações. Todas as outras crianças e jovens sobre as quais conversamos anteriormente já foram discriminadas por pertencerem ao candomblé. A maioria delas, da mesma forma que Michele e Alessandra, diz, ou já disse, ser católica para escapar do preconceito.

---

18. Verifiquei que o termo "macumba" é utilizado entre os candomblecistas de forma corriqueira e sem tom pejorativo. *"Hoje tem macumba"*, *"Vou na macumba"*, são expressões cotidianas. No entanto, a expressão é bastante utilizada por quem tem preconceito em relação a religiões afro-descendentes, em geral.

Ricardo Nery, por volta dos 4 anos, foi chamado de *"filho do diabo"*, por uma professora. Joyce, que conhecemos há pouco, aos 13 anos, me dizia: *"Sou do candomblé, mas na escola não entro com meus colares e guias, digo que sou católica porque na escola sinto vergonha. Também só vou para a escola de camisa de manga cumprida para esconder as curas!"*[19] Para ela, o preconceito religioso está associado ao preconceito racial. *"Porque na rua já me disseram: é negra! Só podia ser macumbeira"*. Mas é na fala do irmão de Joyce, Jailson dos Santos, com 22 anos e *ogan*, desde os 3, que percebemos como o racismo, que adquire muitas faces, é, de fato, perverso: *"Eu nunca fui discriminado, a não ser aquele preconceito normal"*.

A pesquisadora Eliane Cavalleiro preocupa-se em reunir informações sobre negros no sistema de ensino para propor ações que elevem a autoestima de indivíduos pertencentes a grupos discriminados. Para ela, a ausência do debate social condiciona uma visão limitada do preconceito por parte do grupo familiar, impedindo a criança (nesse caso, um jovem) de formar uma visão crítica sobre o problema. *"Tem-se a ideia de que não existe racismo, principalmente por parte dos professores, por isso não se fala dele. Por outro lado, há a vasta experiência dos professores em ocultar suas atitudes e seus comportamentos preconceituosos, visto que estes constituem uma prática condenável do ponto de vista da educação"* (CAVALLEIRO, 2000: 32).

A estratégia de "tornar-se invisível" é construída dolorosamente por crianças e jovens de candomblé. E não é para menos. Em 1996, visitei a Escola Ary Tavares (nome fictício), em Nilópolis, na Baixada Fluminense, onde os irmãos Jailson e Joyce estudavam. Depois de observar um conselho

---

19. Os pequenos cortes feitos na cabeça e em outras partes do corpo do iniciado. Joyce tem as curas também nos braços, na altura dos ombros. Nem todo terreiro faz as marcas nos braços.

de classe, com um total de 14 professores (5ª a 8ª séries), realizei entrevistas com todos eles a respeito do conhecimento que tinham sobre crianças de candomblé que estão na escola. Desses, nove responderam que nunca pensaram sobre isso, porque não acreditam que existam crianças dessa religião na escola. Uma das entrevistadas afirmou: *"Não temos crianças com esse 'problema'*[20] *aqui na escola. A maioria é católica".* Cinco professores afirmaram que achavam um "absurdo" crianças praticarem candomblé. *"As crianças não devem ser induzidas à macumba só porque os pais frequentam"*, respondeu uma professora. Perguntei a esta professora se os pais católicos também não "induziam" seus filhos ao catolicismo quando os batizavam, levavam às missas, colocavam no catecismo. A professora respondeu: *"Mas o catolicismo não é coisa do diabo, é a religião normal"*. Uma professora acrescentou: *"Os macumbeiros que me perdoem, mas nos terreiros só acontece sexo"*. A mesma professora revelou que jamais havia pisado em um terreiro, mas que tentaria também *"tirar da cabeça de qualquer aluno seu essa ideia de macumba"*. Perguntei como? E ela respondeu: *"Lendo a Bíblia todos os dias na escola"*.

10. O que era ruim ficou pior: o Ensino Religioso confessional

Verificamos, nas falas dos professores e professoras da escola de Jailson e Joyce, muita discriminação e preconceito. Crianças de candomblé frequentam escolas como qualquer outra criança de qualquer outro credo, mas "não são vistas", "não existem" e, "quando existem" são encaradas por muitos professores e professoras como "um problema a ser resolvi-

---

20. As aspas aqui são minhas para marcar a discordância que tenho sobre o fato de o candomblé ser um "problema", como encarado pela professora entrevistada.

do". Pelo menos, foi o que constatei nessa escola, em Nilópolis. Mas uma realidade preconceituosa sempre pode ficar pior, principalmente quando o Estado cria as condições para isso. Foi o que aconteceu.

Em setembro de 2000, o Rio de Janeiro implantou a Lei 3.459, do ex-deputado católico Carlos Dias (PP-RJ) e estabeleceu o Ensino Religioso confessional na rede estadual de ensino. Em janeiro de 2004 foi realizado concurso público e aprovados 1.299 professores de Ensino Religioso. O concurso oferecia 500 vagas, todas preenchidas. Desses, 68,2% são católicos, seguidos de 26,31% evangélicos (de diversas designações) e 5,26% de "outras religiões". Neste último grupo estão professores de umbanda (com cinco professores contratados); o espiritismo segundo Alan Kardek (três professores), a Igreja Messiânica (três professores) e um professor mórmon. A divisão, de acordo com a Coordenação de Ensino Religioso (da época), foi realizada com base em pesquisa feita em 2001, pela Secretaria de Educação, que teria revelado um total de 65% de alunos católicos, 25% evangélicos, 5% de "outras religiões" e 5% sem credo. Esses professores se somaram aos 364 professores que, amparados pelo Decreto 31.086, de 2002, do então Governador Anthony Garotinho, foram desviados de outras disciplinas e já lecionavam Educação Religiosa.

Discordo também do que a Lei de Diretrizes e Bases da Educação Nacional do MEC (LDB, 1997) propõe. Na verdade, defendo uma escola pública laica, onde não haja ensino religioso de nenhuma forma. Porém, na LDB existem alguns limites, que, por não serem respeitados pela lei implantada no Rio, piora uma situação de discriminação que já era bem ruim. Por exemplo: A LDB restringe a obrigatoriedade do Ensino Religioso ao Ensino Fundamental. A lei implementada amplia essa disciplina para toda educação básica e profissional. Pior: segundo a lei em vigor, seu conteúdo é atribuição específica das autoridades religiosas e ao Estado cabe apoiá-lo integralmente. Os professores aprovados são credenciados pela autoridade religiosa e permanecerão nos quadros do magistério público estadual, não enquanto o poder público determinar, mas sim a própria autoridade religiosa.

A Coordenação de Ensino Religioso do Rio de Janeiro diz que a ideia da modalidade confessional, neste caso, é que professores católicos ensinem a alunos católicos, professores evangélicos a alunos evangélicos. Mas, enquanto isso não acontece, porque não há estrutura para esse plano, todos os alunos assistem juntos à mesma aula de Educação Religiosa. De acordo com a coordenação, a disciplina só passa "valores" e não há proselitismo algum, ou seja, não há catequese. Será?

Em 2005, entrevistei 12 professores de Ensino Religioso do Estado (4 católicos, 6 evangélicos de várias designações e 2 de umbanda). Desses, 9 afirmaram que sabem que existem alunos e alunas de candomblé em sala de aula, mas que não falam dessa religião "para não criar conflito". Uma professora diz: *"A maioria dos alunos é católica e evangélica, os de candomblé ou não existem ou são bem poucos. Não falo do candomblé, então, para não criar conflito"*, afirmou uma professora católica, que já dava aulas de religião antes do concurso. Da mesma forma, 9 professoras revelaram que utilizam a Bíblia ou textos cristãos como conteúdos dessa disciplina. *"Não é para pregar nenhuma religião, mas para falar de amor, carinho, solidariedade. Faço isso com respaldo nos textos bíblicos, pegando o que há de comum neles para católicos e evangélicos"*, disse-me uma professora evangélica.

Perguntei há pouco por que as irmãs Michele e Alessandra sentem vergonha de dizer na escola que praticam uma religião da qual se orgulham tanto. Elas estudam na Escola Estadual João da Silva, com mais 1.138 alunos, onde, todos os dias, no horário da entrada, reza-se o "Pai-Nosso". Entrevistei as três professoras (todas evangélicas) de religião dessa escola, além de sua diretora geral e a diretora adjunta do turno da tarde. Para uma delas, o Ensino Religioso é "um molde".

"*Faço com que eles se tornem automáticos. Falo baixo, a atitude de oração é essa*", diz a professora, que também utiliza textos do Padre Marcelo Rossi em suas aulas. Já para uma outra professora, também evangélica, o objetivo de sua disciplina é: "*Levar a palavra de Deus. Do Deus único, criador do mundo e de tudo o que existe nele*". Perguntei se ela tem conhecimento da existência em sala de aula de alunos de religiões afro-descendentes, como o candomblé, por exemplo. "*Não pergunto, mas sei que eles existem. Ano passado eu tinha uns 8 alunos ogans que entenderam que estavam errados e se tornaram cristãos*", comemora. Já a diretora adjunta diz que na sua escola as pessoas de todas as religiões são respeitadas. "*Inclusive as do candomblé, que frequentam terreiro, por que não podem pagar psicólogo e lá a terapia é barata*", afirmou. Assim, não fica difícil entender por que Alessandra me disse uma vez: "*Sinto vergonha na escola porque católico é católico e macumbeiro é macumbeiro, eles são aceitos e nós não*".

Pensando com d'Adesky (2001), quando se estabelecem trocas com o modo espacial dominante, percebido como princípio de organização e desenvolvimento, estas se realizam pela exclusão de traços fundamentais da cultura afro-brasileira, salvo, segundo ele, a inclusão de alguns caracteres esparsos.

> Essa relação de exclusão e inclusão engendra um modo perverso de espacialização que inscreve as representações coletivas segundo o modo dominante. Em outras palavras, o modo de representação afro-brasileira fica na situação de subordinado diante do modo dominante devido ao seu menor grau de domínio do espaço público, o que se traduz como falta de poder (D'ADESKY, 2001: 131).

Acredito que esse modo perverso de espacialização já existia antes na escola, mas considero que tenha sido reforçado pela Secretaria de Educação do Estado do Rio de Janeiro, ao estabelecer o Ensino Religioso confessional no Estado, sendo a imensa maioria dos professores contratados católicos, seguida de evangélicos. Esse mecanismo, inquestionável para a maioria dos professores, faz com que os professores de Ensino Religioso dessa escola (e possivelmente de muitas outras) sigam convertendo ou tentando converter seus alunos, embora digam que apenas *"passam valores"*. Esse mesmo mecanismo faz com que Michele que, em nossas conversas, dizia-me com muito orgulho e força: *"Sou negra e tenho orgulho da minha religião que é negra!"*, fosse abaixando a voz quando começava a falar da escola e silenciasse totalmente na sala de aula. A escola ajuda Michele a calar, inclusive, em sua própria comunidade e a continuar escondendo sua fé, como muitos negros, há anos, eram obrigados a esconder ou a disfarçar, pelo menos em alguns espaços, como Marcelina Obatossi.

11. Uma pergunta não para terminar, mas para recomeçar

No dia 24 de outubro de 2006, três imagens da Praça dos Orixás foram depredadas na Prainha do Lago, no Distrito Federal. Foi o quarto ataque, em pouco mais de um ano, e todas as agressões foram realizadas às vésperas de datas importantes no calendário do candomblé. O local costuma ser frequentado para atividades de cultos dos candomblecistas. Das 16 imagens ali presentes, cinco já foram retiradas por agressores. Uma delas, a de *Yemọjá*, que foi queimada, arrancada e decepada em 13 de dezembro de 2005. Notícias de ataques a terreiros de candomblés e a seus membros também são frequentes nos jornais.

De acordo com matéria publicada no jornal O *Globo*, no dia 1º de janeiro de 2005, o advogado Hédio Silva Júnior, presidente da Comissão de Direitos Humanos da OAB-SP, representou organizações de candomblé e umbanda em ações na Justiça, em São Paulo, Porto Alegre, Minas Gerais e Paraná para defendê-las de ataques neopentecostais. Uma delas contra duas redes de televisão, sob acusação de racismo, por terem veiculado ataques às religiões afro-brasileiras de forma racista. A União também pode ser responsabilizada em função do caráter de concessão pública das TVs. Para o advogado, a forma atual da discriminação pouco difere daquela enfrentada no passado pelas religiões afro. "É uma discriminação no plano histórico. Mas hoje há uma lastimável omissão do Estado. Os meios de comunicação, permissionários do Estado, não podem servir para pregação de ódio e discriminação. Isto é um potencial de tensão muito grande", diz Hédio Silva, na matéria.

Com tudo o que vimos, talvez não seja tão difícil entender por que religiões como umbanda e candomblé estão perdendo adeptos. Segundo o IBGE, entre 1991 e 2000, houve uma perda de 20% das religiões afro-brasileiras no Brasil. Para mim, essa perda pode revelar que sim, muitos candomblecistas, de fato, estão abandonando sua religião ou que muitos continuam praticando a religião, mas escondendo-a e se dizendo católicos. Penso que para uma ou outra hipótese, a causa seja a discriminação das religiões afro-brasileiras que ainda existe, e muito, no Brasil.

O subtítulo desse capítulo afirma que o candomblé está na escola e pergunta: como? Conhecemos aqui crianças e jovens com cargos importantes no culto que amam, que experienciam o yorubá no cotidiano de suas casas e dos terreiros, que dedicam suas vidas aos Òrìṣà, que se relacionam de uma maneira singular com a morte, com a ancestralidade e com a natureza. Noam, neto de Mãe Beata, diz: "*No candomblé eu sei que tenho valor, sei que sou parte desta comunidade. Aqui eu sou mais forte. Se dependesse dos outros eu não usaria brincos, não usaria minhas contas, não seria nem negro. Mas eu sou e tenho orgulho disso. E é o candomblé que me faz ser assim*", diz o filho de Òṣàlá.

Crianças e jovens de candomblé estão na escola, mas a grande maioria oculta uma guia do Òrìṣà que ama, bem escondida embaixo do uniforme. Sob a manga da camisa podem estar as marcas da iniciação. Algumas chegam a inventar uma doença para justificar a cabeça raspada para o santo, ou fazem Primeira Comunhão, para não serem perseguidas. Isso não é sincretismo, é silenciamento. A pergunta que faço ao deixar por aqui nossa conversa, na esperança que ela continue em cada sala de aula, em cada pátio de escola, em cada conselho de classe, é se nós, professores e professoras, concordamos com o vice-presidente do Brasil, José Alencar, que no dia 04/04/2007[21] afirmou: *"É preciso eliminar a ideia de que há preconceito no país, mesmo que ainda haja".*

Referências bibliográficas

AUGRAS, M. (1991). "Imaginária França Antártica". *Estudos Históricos*, vol. 4, n. 7. Rio de Janeiro.

BENISTE, J. (2006). *Mitos Yorubá, o outro lado do conhecimento*. Rio de Janeiro: Bertrand.

_____ (2001). *As águas de Oxalá*. Rio de Janeiro: Bertrand.

_____ (1997). *Òrun, Àiyé – O encontro de dois mundos*. Rio de Janeiro: Bertrand.

BERKENBROCK, V.J. (1998). *A experiência dos orixás –* Um estudo sobre a experiência religiosa no candomblé. Petrópolis: Vozes.

CANDAU, V.M. (2002). *Sociedade, educação e cultura(s)*. Petrópolis: Vozes.

CANDAU, V.M. (org.) (2005). *Culturas e educação*. Rio de Janeiro: DP&A.

CANDAU, V.M. & MOREIRA, A.F.B. (2003). "Educação escolar e cultura(s): construindo caminhos". *Revista Brasileira de Educação*, n. 23.

---

21. Globo *on-line* – plantão. Acessado em 04/04/2007.

CAPUTO, S.G. (2006). Educação em terreiros de candomblé. In: CANDAU, V. (org.). *Educação intercultural e cotidiano escolar*. Rio de Janeiro: Sete Letras.

CASHMORE, E. (2000). *Dicionário de Relações Étnicas e Raciais*. São Paulo: Summus.

CAVALLEIRO, E. (org.) (2001). *Racismo e antirracismo na educação* – Repensando a nossa escola. São Paulo: Selo Negro.

_____ (2000). *Do silêncio do lar ao silêncio escolar* – Racismo, preconceito e discriminação na Educação Infantil. São Paulo: Humanitas.

CONRAD, R.E. (1985). *Tumbeiros, o tráfico de escravos para o Brasil*. São Paulo, Brasiliense.

COUTO, M. (2002a). *Um rio chamado tempo, uma casa chamada terra*. São Paulo: Companhia das Letras.

_____ (2002b). *Cada homem é uma raça*. Lisboa: Caminho.

D'ADESKY, J. (2001). *Racismos e antirracismos no Brasil*. Rio de Janeiro: Palas.

FORQUIN, J.-C. (1993). *Escola e cultura* – As bases sociais e epistemológicas do conhecimento escolar. Porto Alegre: Artes Médicas.

GOMES, N.L. (2003). "Cultura negra e educação". *Revista Brasileira de Educação*, n. 23.

HALL, S. (1999). *A identidade cultural na Pós-modernidade*. Rio de Janeiro: DP&A.

LOVEJOY, P.E. (2002). *A escravidão na África*: uma história de suas transformações. Rio de Janeiro: Civilização Brasileira.

McLAREN, P. (2000a). *Multiculturalismo crítico*. São Paulo: Cortez.

_____ (2000b). *Multiculturalismo revolucionário*. Porto Alegre: Artmed.

MUNANGA, K. (1999). *Rediscutindo a mestiçagem no Brasil*. Petrópolis: Vozes.

PRANDI, R. (2003). *Mitologia dos orixás*. São Paulo: Companhia das Letras.

_____ (2000). "De africano a afro-brasileiro: etnia, identidade, religião". *Revista USP*, n. 43.

RODRIGUES, J. (2004). O *tráfico de escravos para o Brasil*. São Paulo: Ática.

SANTOS, E.J. (1993). Os *Nàgô e a morte*. Petrópolis: Vozes.

SILVA, T.T. (1999a). O *currículo como fetiche*. Belo Horizonte: Autêntica.

_____ (1999b). *Documentos de identidade*. Belo Horizonte: Autêntica.

THORNTON, J. (2004). *A África e os africanos na formação do mundo atlântico*. Rio de Janeiro: Campus.

VERGER, P.F. (2002). *Orixás*. Salvador: Corrupio.

_____ (1997). *Lendas africanas dos orixás*. Salvador: Corrupio.

_____ (1992). Os *libertos*. Salvador: Corrupio.

7
Identidades culturais juvenis e escolas: arenas de conflitos e possibilidades

Paulo Carrano
p.carrano@globo.com
Universidade Federal Fluminense

Nos diferentes debates sobre os jovens e a juventude em seus relacionamentos com a escola tenho me deparado com depoimentos de professores e administradores escolares que narram algo que poderíamos denominar de uma situação de incomunicabilidade entre os sujeitos escolares. Da parte dos professores, os jovens alunos são comumente rotulados de desinteressados pelos conteúdos escolares, apáticos, indisciplinados, alguns violentos, tidos como de *baixa cultura*, com sexualidade exacerbada e alienada, hedonistas e consumistas. Alunos, por sua vez, dão testemunho de uma experiência pouco feliz no ambiente escolar, especialmente quando se trata de aulas e professores: aulas chatas e sem sentido prático, professores despreparados e "sem didática", autoritarismos de docentes e administradores, espaços pobres e inadequados, ausência de meios educacionais (principalmente acesso a computadores e internet), ausência de atividades culturais e passeios. Isso tudo num quadro social e econômico no qual a escolarização das novas gerações se massificou em regime precário e, ao mesmo tempo, deixou de representar garantia de inserção social e profissional.

Sem a pretensão de esgotar neste capítulo o conjunto de fatores capazes de provocar a referida situação de incomunicabilidade, procurarei trazer elementos que possam contribuir para a compreensão dos contextos culturais de experimentação da vivência do tempo de juventude. Parto do princípio de que muitos dos problemas relacionados com a baixa sinergia comunicativa entre professores/as e alunos/as residem numa ignorância relativa da instituição escolar e de seus profissionais sobre os espaços culturais e simbólicos nos quais os jovens se encontram imersos. Numa perspectiva de compreensão da vida escolar como uma rua de mão dupla, intuo que o esforço dos educadores em compreender os sentidos de ser jovem no tempo presente pode resultar em práticas e políticas que possibilitem que os jovens encontrem sentido nos tempos e espaços escolares.

Uma questão que se impõe de início, neste debate, refere-se à necessária constatação de que o poder de formação de sujeitos pela instituição escolar tornou-se significativamente relativizado pelas inúmeras agências e redes culturais e educativas de elaboração de subjetividades e sentidos de existência. Dentre esses, destacam-se os meios de comunicação (não apenas os de massa, mas também as mídias alternativas e descentralizadas), os mercados de consumo e os grupos de identidade.

Fanfani corrobora esta compreensão ao afirmar que:

> Todas estas transformações na demografia, na morfologia e na cultura das novas gerações põem em crise a oferta de educação escolar. Os sintomas mais evidentes e estridentes são a exclusão e o fracasso escolar, o mal-estar, o conflito e a desordem, a violência e as dificuldades de integração nas instituições e, sobretudo, a ausência de sentido da experiência escolar para uma porção significativa de adolescentes e jovens latino-americanos (em especial aqueles que provêm de grupos sociais excluídos e subordinados) que têm dificuldades para ingressar, progredir e se desenvolver em instituições que não foram feitas para eles (2000: 2).

A expansão da escolaridade para grande parte dos jovens brasileiros não foi acompanhada dos investimentos necessários para a recepção de uma nova e numerosa geração de estudantes, notadamente quando isso se refere aos jovens das classes populares. A inadequação tanto se refere aos baixos insumos materiais, que se refletem na precariedade da maioria dos prédios escolares, quanto nas inadequadas articulações curriculares que não respondem às expectativas de aprendizagem e sociabilidade escolar almejadas pelos jovens estudantes.

A escola pública que abriga as classes populares tem-se caracterizado como espaço de improvisação e precariedade: professores que trabalham com regime de contratação precária em lugares sem bibliotecas, laboratórios, computadores, ginásios ou auditórios, assim como funcionários em número insuficiente para atender à demanda. Este tipo de escola, que se expandiu de maneira degradada para abrigar as crianças e jovens das classes populares, parece fazer da *contenção da pobreza* (CARRANO & PEREGRINO, 2005) sua função principal.

É neste contexto que os sujeitos da instituição escolar necessitam articular práticas instituintes produtoras de sentido de presença no espaço como forma de se contrapor às políticas públicas precárias que, em última instância, geram o quadro da *escolarização sem sentido*. Uma das possibilidades de recriação dos sentidos de presença na escola para professores e alunos se encontra na experimentação de espaços relacionais que permitam a emergência da multiplicidade de sujeitos culturais que se encobrem sob o manto da uniformização e homogeneidade que a categoria aluno encerra.

Cresce no Brasil a percepção de instituições, investigadores sociais e educadores acerca da necessidade de pensar criticamente a relação pessoal e coletiva entre jovens e escolas. No campo da produção acadêmica da pós-graduação em Educação, há registros e sinais de um progressivo aumento da abordagem de temas considerados emergentes[1]. Parte importante dessa nova elaboração vem buscando alargar a compreensão que o campo educacional tem da juventude. Percebidos como sujeitos de direitos e de cultura, os jovens estudantes vão deixando de ser percebidos apenas como alunos e passam a ser enxergados a partir de identidades específicas que remetem ao sensível, ao corpóreo, à expressividade cultural e estética, e às sociabilidades que se originam no exterior da instituição escolar. As referências extraescolares podem ser interpretadas pela instituição como ruído e interferência negativa para o trabalho pedagógico, caso a escola se feche, ou podem significar oportunidades para a criação de espaços de mediação cultural entre os diferentes mundos vividos pelos jovens alunos.

Estar atento para os grupos de identidade com os quais os jovens se identificam ou dos quais fazem parte ativamente torna-se condição para o entendimento dos sentidos do agir dos alunos. É preciso, contudo, cuidar para desmontar as pré-noções e representações dominantes sobre aquilo que julgamos ser o jovem e a juventude. Um dos enganos mais comuns é tomarmos a nossa própria experiência de juventude para estabelecer quadros comparativos com os "jovens de hoje". O

---

1. O estudo Juventude e Escolarização (1980-1998), coordenado por Sposito (2002), avaliou a presença do tema *juventude* na produção discente na Pós-graduação em Educação e Ciências Sociais no Brasil. A base de dados de 387 trabalhos (4,4%) foi selecionada de um total de 8.867 teses e dissertações. Em linhas gerais, a categoria-aluno dá a tônica da grande maioria dos trabalhos. A partir de 1995, temas como mídia, grupos juvenis e violência alargaram o espectro sociocultural da produção. Um novo estudo teve início no ano de 2007 e irá buscar perceber a produção discente na Pós-graduação, agora incluindo a área de Serviço Social, compreendendo o período de 1999 a 2006. Um balanço preliminar no banco de teses da Capes já permite perceber a tendência de crescimento dos temas emergentes relacionados à relação juventude e aspectos socioculturais.

sociólogo português José Machado Pais (2006) alerta para a necessidade de superarmos os modelos prescritivos com os quais jovens já não mais se identificam; em contrapartida, assinala a importância de realizarmos um esforço para o desvendamento das *sensibilidades performativas* das culturas juvenis. O *hip hop* é um claro exemplo de cultura performativa com suas mesclagens criativas de música, com suas perfomances corporais, o grafitismo e o basquete de rua (*street basket*) (PAIS, 2006: 13). Com alguma atenção, para além do *hip hop*, cada um de nós é capaz de identificar no cotidiano e no entorno de nossas escolas a diversidade de *performances* juvenis existentes e com a qual poderemos dialogar.

As culturas juvenis – entendidas como conjunto heterogêneo de expressões e práticas socioculturais – são narrativas que falam do profundo mal-estar que é ser jovem numa sociedade produtora de riscos e incertezas[2] (BAUMAN, 1999; BECK, 1997; GIDDENS, 2002) e também das potencialidades da experiência do viver e agir coletivamente na busca de alternativas emancipatórias para a existência. São gestos, símbolos, formas lúdicas de sociabilidade, redes de relacionamento, canções e múltiplas formas de utilizar e representar o corpo aparentemente sem sentido para os "de fora",

---

2. Ulrich Beck cunhou a expressão "sociedade de risco" referindo-se aos riscos produzidos socialmente e que, por vezes, recaem sobre indivíduos que são levados a tolerá-los. A perda da estabilidade do emprego serve como exemplo desta relação entre risco social e individualidade. Os denominados "riscos de grande consequência" surgiram do impacto do desenvolvimento técnico-industrial sem limites sobre o homem (como produtor e consumidor), sobre a natureza e sobre a sociedade e sua organização. Giddens identifica quatro fontes de crise nas quais enfrentamos estes riscos: o impacto do desenvolvimento social moderno sobre os ecossistemas mundiais; o desenvolvimento da pobreza em larga escala (holocausto da pobreza); as armas de destruição maciça com suas possibilidades de violência coletiva e a repressão dos direitos democráticos.

mas que dão a liga da experiência comunitária de vivência da juventude neste nosso tempo histórico.

É comum que as culturas juvenis sejam tratadas apenas pela perspectiva da cultura enquanto expressividade estética ou mesmo sociabilidade restrita a grupos específicos. É neste sentido que a noção de *tribos juvenis* (MAFFESOLI, 1998) revela suas limitações analíticas, induzindo a pensar em jovens como ilhas de sociabilidade em seus grupos culturais de referência. A apreensão "culturalista" das culturas juvenis deixa de perceber as conexões entre sociabilidade juvenil e as estruturas sociais que constituem a própria base da ação social. Assim, é preciso ter em conta a multiplicidade de fatores determinantes do "ser jovem" individual e coletivamente, tanto os positivos – gerados pelos avanços científico-tecnológicos, pelas liberdades civis conquistadas pelas lutas democráticas, o maior campo de autonomia dos jovens frente aos adultos – quanto os fatores negativos da experiência de ser jovem. Dentre os elementos que tensionam negativamente a experiência de ser jovem podem ser apontados: as consequências da falência do Estado como promotor de direitos, a força avassaladora dos mercados na produção de necessidades e sentidos culturais, o descrédito das instituições e atores tradicionais (escolas, partidos, sindicatos, igrejas, etc.), a globalização, a força dos meios de comunicação e as conexões perversas promovidas pelas redes do crime e das drogas.

Sociedades urbanas e identidades multiculturais

O processo de globalização econômica e cultural é tributário da historicidade do desenvolvimento da modernidade capitalista. Essa modernidade não pode ser atribuída a um único fato inaugural, ou mesmo a alguns poucos eventos históricos, por mais significativos que estes tenham sido no conjunto dos acontecimentos mundiais. Marshal Berman (apud ANDERSON, 1986) referiu-se à modernização socioeconômica como a resultante de uma *multidão de processos sociais* relacionados com as descobertas científicas, as revoluções da indústria, as transformações demográficas, as formas de expansão urbana, os Estados nacionais, os movimentos de massa; todos impulsionados, em última instância, pelo mercado mundial capitalista, em *perpétua expansão e drasticamente flutuante*. Apontado como o fato marcante da modernidade, o desenvolvimento representou simultaneamente duas coisas: de um lado foi o crescimento econômico, impulsionado pelas transformações objetivas desencadeadas pelo mercado mundial capitalista e, por outro lado, foi um movimento que comandou impressionantes transformações subjetivas da vida individual e da personalidade; verdadeiro registro do nascimento da sensibilidade moderna.

O espaço urbano pode ser considerado como a referência material e simbólica de nossas sociedades. A dimensão hegemônica da urbanidade estende-se até mesmo aos territórios rurais, evidenciando aquilo que se considera a expressão da civilidade moderna – algo que não deixa mesmo de ser uma forma de etnocentrismo. As cidades, especialmente as megalópoles, entretanto, não devem ser pensadas apenas como espaços físicos, com características específicas no modo de ocupar o espaço, mas também como lugares onde ocorrem fenômenos expressivos que entram em tensão com as pretensões dominantes de racionalização da vida social.

Na atualidade, torna-se importante não contrapor sociedades urbanas a sociedades rurais, centro e periferia, tal como muitas vezes foi feito, mas procurar a compreensão das maneiras como se processa a multiculturalidade ou a coexistência de múltiplas culturas no espaço urbano (CANCLINI, 1997).

O espaço urbano intensifica os antagonismos de interesses que se constituem por uma participação diferenciada e desigual dos processos de produção e reprodução da vida social. Isso significa dizer que a cidade não é experimentada e apropriada por todos da mesma maneira. Esse diferencial de apropriação dos recursos materiais e simbólicos da cidade pode ser apontado por um dos fatores que organizam a produção das identidades na cidade. Para visualizar esta tensão entre sujeitos situados em diferentes lugares sociais de apropriação dos recursos urbanos basta que pensemos nas desiguais condições de vida em torno dos espaços de moradia, lazer e trabalho nas cidades brasileiras.

É possível pensar o espaço urbano como o lugar social que torna possível a emergência de certos fenômenos que evidenciam a relação entre espaços e práticas sociais, e também como ponto de tensão para onde confluem os sistemas de exploração, de dominação e hegemonia que nos remetem aos conceitos de poder e cultura. Não é difícil enxergar o espaço urbano como um cenário de lutas entre competidores desnivelados e posicionados historicamente em confronto com os múltiplos poderes de enunciação, capazes de impor, mediante a coerção ou a sedução, as representações sobre as práticas sociais. Algumas práticas são, assim, consideradas legítimas e desejáveis, enquanto outras são vistas como irrelevantes ou mesmo marginais. Em outras palavras, é possível afirmar, com Lefebvre (1969), que o direito à cidade não é igual para todos os seus habitantes.

A organização social das cidades cria restrições geográficas e simbólicas para a constituição do livre trânsito das identidades. É neste sentido que não é possível falar de identidades apenas restringindo a análise a seus aspectos culturais. Assim, considerando tanto a inserção dos sujeitos nas estruturas de produção quanto o papel da cultura na elaboração das subjetividades, pode-se conceber os atores urbanos em três grandes categorias: a) os integrados à estrutura de produção; b) os disponíveis (que mesmo sem estar dentro do sistema produtivo são suscetíveis de ser recrutados); e c) os circulantes, que gravitam sem destino aparente na estrutura de produção (REGUILLO, 1995).

Jovens entre práticas territoriais: identidades culturais e educação escolar

A hegemonia das relações de mercado, que marcou toda a década de 1990 e atravessou o novo século, fez emergir práticas culturais produtoras de subjetividades intensamente privatizadas num quadro institucional de encolhimento da esfera pública. Os jovens são peças-chave e, simultaneamente, objetos e sujeitos do impulso de mercantilização da vida social, que fragmenta o tecido social em individualidades apartadas de formas societárias mais amplas e solidárias. Nesse mesmo quadro societário de hegemonia das relações de mercado, é possível, contudo, perceber a existência de práticas sociais constitutivas de novas solidariedades e identidades coletivas juvenis. Jovens de todos os estratos sociais se envolveram em distintas formas de participação social, desde as mais tradicionais relacionadas a partidos e organizações estudantis, até novas formas de mobilização social relacionadas com ações voluntárias de solidariedade, movimentações políticas instantâneas e pouco institucionais, grupos artísticos e esportivos, redes de religiosidade pouco hierárquicas, dentre outras ações coletivas de novo tipo. Jovens das periferias das cidades se articularam em torno de identidades móveis, ambíguas e flexíveis que emergiram e se desenvolveram em espaços periféricos da sociedade, numa resposta possível à crise estrutural do capitalismo que elevou enormemente o grau de incerteza no processo de trânsito da juventude para a vida adulta.

Os jovens recebem espaços da cidade prontos e sobre eles elaboram territórios que passam a ser a extensão dos próprios sujeitos: uma praça se transforma em campo de futebol, sob um vão de viaduto se improvisa uma pista de *skate*; o corredor da escola – lugar originalmente de passagem – faz-se ponto de encontro e sociabilidade. Os diferentes territórios juvenis são também lugares simbólicos para o reconhecimento das identidades em comum, é em torno de determinado território que se constitui o grupo de iguais. A identidade do grupo precisa se mostrar publicamente para se manter. Cada grupo cria, então, suas próprias políticas de visibilidade pública que podem se expressar pela roupa, pela mímica corporal, por um estilo musical, etc.

Assim, a cidade é transformada de espaço anônimo em território pelos jovens atores urbanos, que constroem laços objetiváveis, comemoram-se, celebram-se, inscrevem marcas exteriores em seus corpos que servem para fixar e recordar quem eles e elas são. Essas marcas se relacionam com processos de representação, verdadeiras objetivações simbólicas que permitem distinguir os membros dos grupos no tempo e no espaço. As marcas podem ser objetivadas no próprio corpo (uma tatuagem) ou mesmo habitar o corpo como adereço de identidade, tal como acontece com os bonés que se transformaram em fonte de tensão permanente em algumas escolas que não toleram seu uso, talvez por não enxergarem que esses são signos que representam a extensão da própria subjetividade dos jovens alunos, que reagem ao terem de deixar "parte de si" fora do espaço-tempo da escola.

A construção das identidades pelos grupos supõe práticas de aprendizagem. Os jovens instituem lutas simbólicas através dos compromissos cotidianos que assumem com determinado processo de identização coletiva, este devendo ser considerado como algo que existe no contexto de práticas permanentes e mutantes de definição das identidades coletivas.

É possível afirmar que os jovens das classes populares articulam territórios próprios na ruína dos espaços da cidade que sobraram para eles. A relativa ignorância dos adultos acerca da materialidade social e do simbolismo das práticas juvenis é fonte de mal-entendidos, incompreensões e intolerâncias acerca das atitudes e silêncios dos jovens. A escola, também considerada como integrante dessa cidade em ruínas, experimenta conflitos, não necessariamente violências, que causam ruídos na comunicação. Ao se abrir ou ser aberta por práticas coletivas juvenis, que penetram em seus tempos e espaços administrativo-pedagógicos, em geral fechados e pouco tolerantes ao diverso, a escola pode se perceber desorganizada e despreparada ou mesmo se enxergar em situação de possibilidade de reorganizar seu cotidiano institucional – em geral orientado para a uniformização e o anonimato – em novo território onde as identidades juvenis possam encontrar espaço para o diálogo.

Até que ponto os jovens podem se identificar com o espaço escolar, considerá-lo interessante e habitar uma instituição que não permite que suas culturas se realizem ou mesmo sejam visíveis? Pais (2006) considera que são poucas as chances de negociações entre os *espaços lisos* dos grupos culturais juvenis – que permitiriam aos jovens transitar sem as marcas prévias das instituições do mundo adulto – e os *espaços estriados* – cujas principais características seriam a ordem e o controle característicos das instituições. Para o pesquisador português, a escola, apesar de ser um espaço onde o jovem pode gostar de estar presente, ainda não reconhece as culturas juvenis como possibilidade de inclusão e transformação. É exatamente isso que tais culturas (re)clamariam: inclusão, reconhecimento e pertença. Estaríamos, então, frente a um paradoxo: a escola tem como uma de suas marcas históricas o conservadorismo, a manutenção das relações de poder; as culturas juvenis, em sua maioria, têm o gosto pela mudança. O que fazer, pergunta José Machado Pais: transformamos a escola, ameaçando com isso as relações sociais, ou silenciamos a juventude, negando os jovens como sujeitos possuidores de culturas próprias?

Os jovens para além da escola

A compreensão do processo de socialização contemporânea dos jovens pode contribuir para o diálogo intergeracional no cotidiano escolar. Parto do princípio de que muitos dos problemas que os educadores enfrentam nas muitas salas de aula e espaços escolares deste país com os jovens alunos têm origem em incompreensões sobre os contextos não escolares, os cotidianos e os históricos mais amplos, em que esses estão imersos. Dito de outra forma, torna-se cada vez mais improvável que consigamos compreender os processos sociais educativos escolares se não nos apropriarmos dos processos mais amplos de socialização.

Sposito (2003) defende que adotemos o ponto de vista de uma sociologia não escolar da escola, ou seja, que busquemos compreender os tempos e espaços não escolares dos sujeitos jovens que estão nela, mas que não são, em última instância, da escola. O jovem aluno carrega para a instituição referências de sociabilidade e interações que se distanciam das referências institucionais que se encontram em crise de legitimação.

> O novo público que frequenta a escola, sobretudo adolescente e jovem, passa a constituir no seu interior um universo cada vez mais autônomo de interações, distanciado das referências institucionais trazendo novamente, em sua especificidade, a necessidade de uma perspectiva não escolar no estudo da escola, a via não escolar [...]. A autonomização de uma subcultura adolescente engendra para os alunos da massificação do ensino, uma reticência ou uma oposição à ação do universo normativo escolar, ele mesmo em crise. A escola cessa lentamente de ser modelada somente pelos critérios da sociabilidade adulta e vê penetrar os critérios da sociabilidade adolescente, exigindo um modo peculiar de compreensão e estudo (SPOSITO, 2003: 19-20).

Um dos traços mais significativos das sociedades ocidentais é que crianças e jovens passam a ser vistos como sujeitos de direitos e, especialmente os jovens, como sujeitos de consumo. A expansão da escola, a criação de mercado cultural juvenil exclusivo e a postergação da inserção no mundo do trabalho são marcas objetivas da constituição das representações sociais sobre o ser jovem na sociedade. A realização plena deste ideal de jovem liberado das pressões do mundo do trabalho e dedicado ao estudo e aos lazeres é objetivamente inatingível para a maioria dos jovens das classes trabalhadoras. Entretanto, este ideal-tipo de vivência do tempo juventude é, contudo, visivelmente existente no plano simbólico. Bourdieu (1983) afirmou que a juventude é apenas uma palavra, trazendo a reflexão sobre a necessária relatividade histórica e social deste ciclo de vida, que não pode ser enxergado como uma coisa em si, mas que deve ser visto em seu aspecto relacional no contexto dos diferentes grupos sociais, sociedades e classes de idade. Somos sempre o jovem ou o velho de alguém, disse também o sociólogo francês. Porém, "juventude" é noção produtora de sentidos e contribui para o estabelecimento de acordos e representações sociais dominantes.

Para Rossana Reguillo (2000) três elementos dão sentido ao mundo juvenil e explicam a emergência da juventude como sujeito social:

1) As inovações tecnológicas e suas repercussões na organização produtiva e simbólica da sociedade aumentam as expectativas e a qualidade de vida – as pessoas passam mais tempo na escola.

2) A oferta de consumo cultural a partir da emergência de uma nova e poderosa indústria cultural.

3) O discurso jurídico que estabelece o contrato social que prevê formas de proteção e punição aos infratores – as políticas públicas tutelares orientadas para o controle do tempo livre juvenil – a ausência de políticas que apostem na autonomia, na organização e naquilo que os jovens podem fazer sozinhos e com a colaboração dos adultos. Políticas do controle e da percepção do jovem como um carente, um vulnerável ou perigo iminente (REGUILLO, 2000: 50).

As passagens entre os tempos da infância, da adolescência, da juventude e vida adulta podem ser entendidas como "acordos societários". De certa forma, as sociedades estabelecem acordos intersubjetivos que definem o modo como o juvenil é conceituado ou representado (condição juvenil). Em algumas sociedades, os rituais de passagem para a vida adulta são bem delimitados e se configuram em ritos sociais. Em nossas sociedades urbanas, principalmente, as fronteiras encontram-se cada vez mais borradas e as passagens de época não possuem marcadores precisos. Algumas dimensões marcavam o fim da juventude e a entrada no mundo adulto: terminar os estudos, conseguir trabalho, sair da casa dos pais, constituir moradia e família, casar e ter filhos. Estas são "estações" de uma trajetória societária linear que não pode mais servir para caracterizar a "transição da juventude para a vida adulta". A perda da linearidade neste processo pode ser apontada como uma das marcas da vivência da juventude na sociedade contemporânea. Assim, é preciso *ter em conta as muitas maneiras de ser jovem hoje e de viver a transição para a vida adulta*. Em conjunto com a representação dominante, ou definição etária, sobre aquilo que é o tempo da juventude, os jovens vivem experiências concretas que se aproximam mais ou menos da "condição juvenil" representada como a ideal ou dominante. Em outras palavras, nem todos os jovens vivem a sua juventude como uma situação de trânsito e preparação para as responsabilidades da vida adulta. Os educadores precisam, então, estar atentos à pluralidade de situações e *trajetórias labirínticas* que configuram um quadro múltiplo dos modos de viver a "transição da vida adulta". Isso significa dizer, por exemplo, que, para jovens das classes populares, as responsabilidades da "vida adulta", especialmente a "pressão" para a entrada no mercado de trabalho, chegam enquanto estes estão experimentando a juventude.

Os baixos níveis de renda e capacidade de consumo redundam na busca do trabalho como condição de sobrevivência e satisfação de necessidades materiais e simbólicas para a maioria dos jovens. Isso demarca um modo particular de vivência do tempo de juventude que não se identifica com aquilo que o senso comum intui como o modelo do jovem com o direito assegurado de viver a *moratória social* (MARGULIS & URRESTI, 1996), que lhe permitiria ser liberado da necessidade do trabalho, dedicar-se à formação, aos estudos, ao associativismo e aos lazeres. A trajetória de busca e inserção no mundo do trabalho dos jovens, especialmente os das famílias mais pobres, é incerta, ou seja, estes ocupam as ofertas de trabalho disponíveis que, precárias e desprotegidas em sua maioria, permitem pouca ou nenhuma possibilidade de iniciar ou progredir numa carreira profissional. A informalidade é crescente à medida que se desce nos estratos de renda e consumo do beneficiário do emprego. O aumento da escolaridade, em geral, coincide com maiores chances de conseguir empregos formais, algo decisivo para os jovens, considerando que o desemprego juvenil no Brasil é, em média, quase três vezes maior que o do conjunto da população.

Participação juvenil e escolarização

Quanto ao ensino (Fundamental e Médio), a situação brasileira é de crescente piora nos índices de qualidade, que afeta, de forma mais intensa e preponderante, a rede escolar pública. As desigualdades regionais e intrarregionais que se verificam nas estruturas básicas da vida material também se expressam na diferenciação do acesso e permanência na escola, aos aparelhos de cultura e lazer e aos meios de informação, especialmente no difícil acesso dos jovens mais empobrecidos a computadores e internet. Isso é algo que se configura como a face contemporânea da histórica exclusão dos pobres aos benefícios científicos e tecnológicos nas sociedades do modo de produção capitalista, particularmente quando do se consideram aqueles situados na periferia do sistema. As melhores condições de acesso à informação e aos bens culturais, somados à maior escolaridade, colocam os jovens das classes altas em posições mais favoráveis à participação social, cultural e política. Pesquisas apontam que a participação estudantil, por exemplo, é quantitativamente superior nos estratos que representam os jovens mais ricos e escolarizados (IBASE/POLIS, 2005; ABRAMO & BRANCO 2005). Para aqueles que lograram chegar ao Ensino Médio, é acentuada a distorção idade-série que demonstra o percurso intermitente – reprovações, abandonos e retornos – dos jovens pobres em sua relação com a escola. É preciso considerar que o acesso aos mais altos níveis da educação escolar é elemento-chave para ampliar possibilidades de participação no mundo social e também para propiciar situações de engajamento e de aprendizado ligadas às próprias instituições de ensino.

Além das dificuldades de acesso e permanência na escola, os jovens enfrentam a realidade de instituições públicas que se orientam, predominantemente, para a oferta de conteúdos curriculares formais e considerados pouco interessantes pelos jovens. Isso implica dizer que as escolas têm se apresentado como instituições pouco abertas para a criação de espaços e situações que favoreçam experiências de sociabilidade, solidariedade, debates públicos e atividades culturais e formativas de natureza curricular ou extraescolar.

Pesquisa recente (IBASE/POLIS, 2005) sobre a participação social e política dos jovens brasileiros revelou a percepção de alunos e alunas que dizem que a escola não abre espaços nem incentiva a criação de hábitos e valores básicos estimulantes da participação. Esta situação é mais grave para os jovens pobres que, praticamente, só possuem esta instituição para o acesso a esses bens simbólicos. É possível afirmar que se encontra configurada uma nova e refinada desigualdade formativa entre os jovens segundo a inserção de classe, especialmente quanto à participação em cursos de informática, língua estrangeira, esportes, artes e cursos pré-vestibulares. A vantagem, também neste caso, pende para os jovens mais ricos e estudantes das escolas particulares. A escolarização é determinante para a prática da leitura; os dados da pesquisa acima referida informam que os jovens mais escolarizados leem mais, assim como estudantes de escolas públicas leem menos que os jovens das escolas privadas.

O desafio da interpretação dos sinais emitidos pelos jovens

A descontinuidade é um traço marcante da vida individual contemporânea. O indivíduo não apenas reproduz os traços de hereditariedade e tradição de sua comunidade de origem – aliás, torna-se relevante indagar sobre os atuais sentidos da ideia de originalidade comunitária –, mas vive continuamente a capacidade de redefinir-se. A resposta sobre o que eu sou não resulta apenas de um condicionante social externo, mas está associada à capacidade individual que temos de nos definirmos e nos diferenciarmos dos outros. É neste sentido que a produção e reprodução da vida social e da vida biológica estão condicionadas fortemente à *nossa capacidade de escolha*. Assim, a capacidade de saber escolher apresenta-se, também, como um desafio educativo de autoprodução de sujeitos e coletividades humanas. Do ponto de vista político, é possível mesmo dizer que uma das formas de avaliar o potencial democrático de uma sociedade se encontra no rol de oportunidades que ela proporciona a cada um dos seus membros de escolher caminhos e se constituir em sujeito autônomo e emancipado.

As mais recentes formulações sobre o conceito de identidade se afastam da ideia de consolidação de um "eu" estável que determinaria em definitivo a personalidade e o campo cultural dos indivíduos, tal como foi formulado na Modernidade. Hoje, individuar-se significa muito mais se redefinir continuamente. O verdadeiro obstáculo não estaria mais na capacidade ou não de mudança, mas em como assegurar a unidade e a continuidade da história individual num mundo de complexidades e alternâncias existenciais. Os modelos estáveis de identidade que os grupos e instituições forneciam em contextos pré-industriais dão lugar a um alargamento de possibilidades de escolhas, de construção de autonomia e possibilidades de realização de si. *As possibilidades que os indivíduos têm de fazer escolhas em suas vidas cotidianas não são, contudo, totalmente livres. Elas dependem dos vínculos que estabelecemos nas múltiplas redes existenciais que constituem o social.*

A construção de autonomia num contexto societário de maior capacidade de escolhas frente às determinações do passado se faz no interior de fluxos sociais e comunicativos altamente carregados de estímulos, mensagens e informações orientadoras dos modos de ser, agir, sentir e pensar. É neste sentido que a elaboração da identidade pessoal se identifica também com processos de autoconsciência que reconhecem os limites e as possibilidades de construção autônoma do ser social.

Em sociedades complexas, o "eu" se faz múltiplo, ajustando-se às mudanças rápidas a que é submetido. Neste sentido, um "eu múltiplo" não estaria referido a uma essência permanente, mas ao processo da própria identificação sucessiva. Assim, a identidade se configuraria como um sistema dinâmico, definido entre possibilidades e limites, que gera um campo simbólico no qual o sujeito pode conquistar a capacidade de intervir sobre si e reestruturar-se.

No contexto de reconhecimento de identidades passíveis de constante redefinição – identificação – e experimentação de multiplicidade de papéis, *a vida cotidiana se apresenta como uma esfera privilegiada* de conquista de autonomia individual e de diferentes formas de sociabilidade mais ou menos democráticas.

O sociólogo e psicólogo italiano Alberto Melucci (1994) afirmou que os jovens são a ponta do *iceberg* que, se compreendida, pode explicar as linhas de força que alicerçarão as sociedades no futuro. Um dos traços mais marcantes da experiência de ser jovem hoje é perceber que se possui um campo maior de autonomia, frente às instituições do denominado "mundo adulto", para construir seus próprios acervos e identidades culturais. Este campo ampliado de possibilidades é também fonte de incerteza e angústia provocada pela necessidade de decidir que caminho seguir, muitas vezes, num quadro de escassez material, num mundo inflacionado de signos e símbolos de identidade. Assim, é possível dizer que há uma rua de mão dupla entre aquilo que os jovens herdam de seus pais e instituições e a capacidade de cada um construir seus próprios repertórios culturais. Em outras palavras, ser jovem é possuir um amplo campo simbólico de autonomia para se fazer sujeito a partir de escolhas não determinadas por adultos ou instituições. Um dos princípios organizadores do processo de identização contemporânea é que os sujeitos selecionam as diferenças com as quais querem ser reconhecidos socialmente. Isso faz com que a identidade seja muito mais uma escolha do que uma imposição.

É preciso, contudo, relativizar a tese da construção autônoma de si mesmo. Os sujeitos se fazem e articulam suas identidades no interior de determinados contextos societários e históricos. Nascemos em determinada classe, cidade e país. Nosso corpo traz marcas que nos distingue, positiva ou negativamente, na sociedade e nossos pais nos legam determinados capitais culturais mais ou menos vantajosos para a integração social. Digo isso para criticar a *tese pós-moderna do nomadismo*, na qual o indivíduo é o soberano construtor da própria identidade. O que somos seria apenas uma questão de força de vontade? Esta é uma verdade relativa. *As oportunidades objetivas de inserção e integração social são tão escassas em determinadas circunstâncias, que anulam, em última instância, o campo simbólico de autonomia de determinados sujeitos desigual e inferiormente posicionados na socieda-*

de. Bourdieu (2000) comparou a construção das trajetórias individuais com as linhas do metrô de Paris que apresentam muitas opções de rotas para o deslocamento, mas, em última instância, limitam os trajetos a partir de linhas previamente construídas. A instituição escolar pode desempenhar um papel importante neste processo de escolhas identitárias e construção de autonomia pessoal dos jovens, desde que se encontre aberta ao diálogo com as novas gerações.

Ainda que a juventude não seja um grupo social homogêneo – é por isso que falamos em juventudes – pode-se dizer que há traços em comum na experiência de ser jovem. Além desse campo maior de autonomia na possibilidade de escolher a identidade pessoal e o pertencimento a grupos, existe uma perversa experiência de geração a partir da combinação de múltiplos fatores geradores de inseguranças no presente e incertezas frente ao futuro. É impossível dissociar a experiência da elaboração das identidades sem levar em conta os efeitos dramáticos que a globalização e os riscos sociais imprimem tanto ao indivíduo quanto à sociedade.

Há uma perversa experiência de geração compartilhada entre os jovens de diferentes classes sociais: os jovens têm medo de morrer prematuramente, de sobrar do mercado de trabalho e de estarem desconectados do mundo (NOVAES, 2006; CANCLINI, 2005).

Um dos grandes desafios da contemporaneidade passou a ser a construção da unidade social em sociedades marcadas por significativas diferenças e desigualdades pessoais e coletivas. *Escutar a si e ao outro se torna, portanto, a condição para o reconhecimento e a comunicação.* Esta é para mim uma das mais importantes tarefas educativas, hoje: educar para que os sujeitos reconheçam a si mesmos e aos outros. Isso, talvez, seja mais significativo do que ensinar conteúdos que podem ser aprendidos em muitos outros espaços. Para *escutar*, numa relação solidária, é preciso, contudo, assumir a própria identidade, entrar em relação com a diferença e rejeitar as desigualdades. *A questão da identidade pessoal e coletiva precisa ser concebida como um processo de interação e conflito.* Os sujeitos, ao elegerem uma identidade, colocam-se em conflito com outros que a contestam. E a solução dos conflitos está relacionada com os recursos disponíveis aos contendores (a capacidade de ouvir posições divergentes e argumentar, por exemplo). A capacidade de escuta e argumentação são dois recursos fundamentais que, quando deixam de existir, provocam situações de violência. Muitos dos conflitos entre os jovens e as instituições são provocados pelas dificuldades de tradução dos sinais que não conseguimos decifrar. Há, portanto, uma *crise de sentidos* entre jovens, instituições e sujeitos adultos. *As instituições parecem não perceber que não se pode educar ou negociar na ausência de uma linguagem em comum.*

As expressões juvenis estão voltadas para a coesão de seus grupos de referência – aquilo que chamamos por vezes de referências tribais – (códigos, emblemas, valores e representações que dão sentido ao pertencimento a grupos). É comum que esta relação com os grupos de referência entrem em choque com os valores de instituições (especialmente a escola e a família) que insistem em pensar os jovens apenas como sujeitos em transição carentes de valores e referências. As mercadorias culturais conseguem decodificar mais agilmente estes sinais para interagir e estabelecer vínculos (lucrativos) com as multiculturalidades juvenis. A Coca-Cola® lançou no Brasil, em 2007, uma peça de propaganda que exemplifica com perfeição este elogio da multirreferencialidade identitária que encontra nos jovens seus principais protagonistas; na peça, um jovem se hibridiza e assume traços da identidade corporal de todos e tudo aquilo (objetos e animais, inclusive) com os quais compartilha o seu refrigerante.

Existe uma autoridade educadora das mercadorias culturais (CARRANO, 2003). A mercadoria cultural se constitui, simultaneamente, processo de alienação e pertencimento social. Ela estabelece vínculos socioafetivos como resposta à fragmentação dos territórios sociais da cidade e perda de referenciais institucionais tradicionais. O processo de realização de conexões e significados sociais ocorre sem imposição explícita de significados, uma vez que a comunicação oferecida pelas mercadorias culturais não traz a marca explícita da autoridade. A influência educativa exercida se faz sem a carga da autoridade contextual de outras formas de intercâmbio educacional, tais como aqueles encontrados na escola. Assim, a oferta de significados culturais se apresenta sem o sentido da responsabilidade educativa. Nos circuitos de produção e circulação das mercadorias culturais, a intencionalidade pedagógica é diminuída e a produção de significados e valores ocorre pela inundação do ambiente cultural através dos meios eletrônicos, digitais e de mercadorias, cujo efeito é um quadro hegemônico de sedução e saturação simbólica. Para Willis (1994), ao se constituírem em matéria-prima da produção informal dos indivíduos, as mercadorias culturais assumem uma dupla face, sendo simultaneamente autênticas e inautênticas. Elas propõem aproximações e as fazem sob a perspectiva do distanciamento proporcionado pelo individualismo.

Os grupos de cultura e lazer da juventude necessitam ser discutidos em seus próprios contextos de elaboração cultural. As culturas da juventude não são unicamente modernas ou tradicionais; eruditas ou populares; democráticas ou antidemocráticas; locais ou globais. Elas são híbridas (CANCLINI, 1989; BHABHA, 1998); sincréticas (CANEVACCI, 1996; 1993); de fronteira (BOSI, 1992; SANTOS, 1993); interculturais (CANCLINI, 2005). As culturas são produtoras e também produto da complexidade social das cidades contemporâneas. Neste sentido é possível reconhecer que o poder da indústria cultural e de suas mercadorias é projetado e também negociado nas subjetividades que se (re)constroem permanentemente nos diferentes territórios das cidades: territórios de disputas e possibilidades de escolhas para os jovens individualmente e em seus conjuntos de ação coletiva.

O capitalismo continua a "fabricar" corpos e subjetividades citadinas; entretanto, esse processo não ocorre de forma mecânica, unilateral e desprovido de resistências e re-elaborações por parte dos sujeitos. É neste sentido que há uma sensível, porém significativa, distinção entre reconhecer a influência real das mercadorias na reprodução ideológica e cultural dos grupos de juventude e considerar o jovem como um "idiota cultural", condenado a mimetizar a mesmice das mensagens emanadas por centros de controle das indústrias culturais. Um dos desafios lançados aos educadores nas escolas hoje é o de contribuir para o aumento do campo de reflexão dos jovens alunos em relação à influência das mercadorias culturais na formação de suas subjetividades.

A busca por compreender o sujeito da aprendizagem não apenas como um aluno – objeto de aprendizagens –, mas, sim, como um sujeito cultural íntegro – portador de determinada experiência cultural – traz a questão do corpo para o centro do processo educativo. O trabalho corporal na escola precisa ser encarado não como técnica de controle disciplinar ou ferramenta acessória de rendimento escolar, mas como política de reconhecimento de si e de comunicação com o outro. A educação da juventude na escola deveria ser pensada, então, como uma estratégia de libertação dos sentidos. A escola pode ser também espaço para que os jovens desaprendam os valores da sociedade de consumo. Em geral, acredita-se que a escola deva ser o lugar de aprendizagens de coisas e, de fato, ela o é; entretanto, deveria ser também o espaço-tempo cultural onde crianças e jovens seriam estimulados a desaprender (*desdicere*), ou questionar, os vários condicionamentos sociais que nos afastam da aquisição da autoconsciência e da solidariedade. A racionalidade das nossas pedagogias quer nos fazer crer que a aprendizagem se restringe apenas a saberes situados fora de nosso corpo. Deveria haver hierarquia de importância entre aquilo que o aluno sabe sobre os conhecimentos científicos e aquilo que ele sabe, sente e representa sobre si mesmo?

Realizar a leitura crítica das mensagens emitidas pela publicidade – de mercados e governos – é uma das aprendizagens mais significativas que as escolas podem promover em conjunto com seus jovens alunos. As escolas poderiam, desta forma, educar para o desenvolvimento de novas formas de olhar baseadas na capacidade da interpretação – e também de destruição simbólica – dos signos produzidos pelos diferentes centros de poder e condicionamento das subjetividades.

Articulando currículos e espaços-tempos escolares culturalmente significativos

Aprender a trabalhar com as experiências prévias dos jovens alunos é compreender que estes são sujeitos culturais e portadores de biografias originais e não apenas alunos de uma dada instituição. O mito da intencionalidade pedagógica como a viga mestra da educação não permite a emergência dos acasos significativos, das surpresas reveladoras, da escuta do outro e nem permite que alunos e professores corram o risco da experimentação e elaborem projetos coletivamente.

Os jovens, mesmo aqueles das periferias onde cidade não rima com cidadania, são mais plurais do que aquilo que a instituição escolar normalmente intui ou deseja perceber. As escolas esperam alunos e o que lhes chega são sujeitos de múltiplas trajetórias e experiências de vivência do mundo. São também jovens aprisionados no espaço e no tempo – presos em seus bairros periféricos e com enormes dificuldades para articularem projetos de futuro. Sujeitos que, por diferentes razões, têm pouca experiência de circulação pela cidade e se beneficiam pouco ou quase nada das atividades e redes culturais públicas ofertadas em espaços centrais e mercantilizados das cidades. Em geral, são jovens que vivem em bairros violentados onde a força bruta – o *ethos* do macho – é a chave organizadora da experiência pública e da resolução de conflitos.

Talvez seja possível pensar as possíveis reorganizações curriculares não apenas como estratégias funcionais de favorecer o ensino-aprendizagem, mas como políticas educativas e culturais que permitam reorganizar espaços e tempos de compartilhamento de saberes, ampliar a experiência social pública e o direito de todos às riquezas materiais e simbólicas das cidades. Por que não pensar o currículo como tabuleiro de xadrez, em que algumas peças se movem com alguma previsibilidade e linearidade e outras peças como cavalos, reis e rainhas fazem movimentos surpreendentes? Esta é uma metáfora de crítica aos currículos rígidos e uniformizadores que tentam comunicar e fazer sentido para sujeitos de múltiplas necessidades e potencialidades. É assim que enxergo o desafio cotidiano de organização de currículos flexíveis, capazes de comunicação com os sujeitos concretos da escola, sem que, com isso, abdique-se da busca de inventariar permanentemente a unidade mínima de saberes em comum que as escolas devem socializar.

Experiências educativas diversas demonstram a importância da incorporação de saberes e práticas culturais dos alunos na articulação dos conteúdos curriculares e também na busca do estabelecimento de uma ordem escolar que se faça em relação de diálogo com os grupos juvenis.

No âmbito das práticas culturais, Dayrell (2002) chama a atenção para a centralidade que os estilos *rap* e *funk* assumem como forma de sociabilidade na vida de jovens das classes populares. Estes estilos musicais têm possibilitado práticas, relações e símbolos por meio dos quais os jovens criam espaços próprios que se transformam em referências na elaboração e vivência da sua condição juvenil, além de proporcionar a construção de uma autoestima e identidades positivas.

Para além das expressividades estéticas, o reconhecimento do potencial criador das experiências coletivas juvenis também favorece práticas produtoras de sentido naqueles conteúdos curriculares das consideradas disciplinas "duras" (Física, Química e Matemática, por exemplo). Andrade e Nunes (2005) dão testemunho de casos de sucesso no desenvolvimento de projetos colaborativos para a aprendizagem de Física no Ensino Médio, partindo do princípio do protagonismo juvenil na criação de situações-problema, escrita de roteiros e simulações para a internet com a colaboração de alunos universitários.

Numa escola da rede estadual da região metropolitana do Rio de Janeiro presenciei interessante processo de negociação da direção escolar com o grêmio estudantil em relação ao uso do uniforme obrigatório para os alunos do Ensino Médio. Na "negociação", entre a autoridade escolar e a coletividade juvenil representada pelo grêmio, chegou-se à interessante solução da confecção de uma nova camiseta para a escola, elaborada pelos alunos em quatro cores diferentes, de forma a permitir a variabilidade e a diversidade de estilos demandada pelos estudantes, sem que com isso se perdesse a identidade institucional requerida e a praticidade que o uso de uma camiseta do uniforme traz.

Os exemplos acima não são modelos a serem adotados, nem buscam negar o sentido da responsabilidade docente no planejamento pedagógico (a intenção e o plano), e na administração escolar. Enunciá-los é uma forma de elogiar práticas de escuta, atenção e diálogo que podem nos lançar para o plano dos afetos, das trocas culturais, dos saberes compartilhados e compromissos políticos com a instituição escolar estabelecidos entre sujeitos de diferentes experiências, idades e responsabilidades sociais. Algumas experimentações que reinventam o cotidiano escolar e pesquisas têm narrado que são aqueles espaços, tempos, sujeitos e práticas nos quais os alunos e alunas se reconhecem que lhes fortalecem o sentido de presença na instituição escolar.

Referências bibliográficas

ABRAMO, H.W. & BRANCO, P.P.M. (2005). *Retratos da juventude brasileira*: análises de uma pesquisa nacional. São Paulo: Fundação Perseu Abramo.

ANDERSON, P. (1986). "Modernidade e revolução". *Revista Novos Estudos Cebrap*, p. 2-15. São Paulo: Cebrap.

ANDRADE, S.F. & NUNES, C.A.A. (2005). *Aprendizagem de física e protagonismo juvenil* – XVI Simpósio Nacional de Física. Rio de Janeiro, 2005 [www.sbf1.sbfisica.org.br/eventos/snef/xvi/cd/resumos/T0592-1.pdf – Acesso em 25/07/2007].

BAUMAN, Z. (1999). *Modernidade e ambivalência*. Rio de Janeiro: Zahar.

BECK, U. (1997). A reinvenção da política: rumo a uma teoria da modernização reflexiva. In: GIDDENS, A.; BECK, U.; LASH, S. (orgs.). *Modernização reflexiva*. São Paulo: Unesp.

BHABHA, H.K. (1998). *O local da cultura*. Belo Horizonte: UFMG.

BOURDIEU, P. (2000). A ilusão biográfica. In: FERREIRA, M.M. & AMADO, J. (orgs.). *Usos e abusos da história oral*. 3. ed. Rio de Janeiro: FGV.

_____ (1997). *A miséria do mundo*. Petrópolis: Vozes.

_____ (1996). A ilusão biográfica. In: FERREIRA, M.M. & AMADO, J. (orgs.). *Usos e abusos da história oral*. Rio de Janeiro: FGV, p. 183-191.

_____ (1983). A juventude é apenas uma palavra. In: *Questões de sociologia*. Rio de Janeiro: Marco Zero, p. 112-121.

BOSI, A. (1992). *Dialética da colonização*. São Paulo: Companhia das Letras.

CANCLINI, N.G. (2005). *Diferentes, desiguais e desconectados*. Rio de Janeiro: UFRJ.

_____ (1998). *Culturas híbridas*. São Paulo: USP.

_____ (1997). *Imaginarios urbanos*. Buenos Aires: Universitaria.

CANEVACCI, M. (1996). *Sincretismo*: uma exploração das hibridações culturais. São Paulo: Nobel.

CARRANO, P. (2003). *Juventudes e cidades educadoras*. Petrópolis: Vozes, 2003.

_____ (2002). *Os jovens e a cidade* – Identidades e práticas culturais em Angra de tantos reis e rainhas. Rio de Janeiro: Relume-Dumará/Faperj.

CARRANO, P. & PEREGRINO, M.D. (2005). "La escuela en expansión: um desafío para los jóvenes". *Revista Anales de la Educación Común*, p. 18-27. Buenos Aires: Dirección General de Cultura y Educación.

DAYRELL, J. (2002). "O rap e o funk na socialização da juventude". *Educação e Pesquisa*, vol. 28, n. 1, jan.-jun., p. 117-136. São Paulo.

FANFANI, E.T. (2000). Culturas jovens e cultura escolar. In: *Seminário "Escola Jovem*: um novo olhar sobre o Ensino Médio", 2000. Brasília: MEC [http://www.mec.gov.br/semtec/ensmed/artigosensaios.shtm – Acesso em 12/09/2004].

GIDDENS, A. (2002). *Modernidade e identidade*. Rio de Janeiro: Zahar, 233 p.

GREEN, B. & BIGUN, C. (1995). Alienígenas em sala de aula. In: SILVA, T.T. da (org.). *Alienígenas em sala de aula* – Uma introdução aos estudos culturais em educação. Petrópolis: Vozes.

IBASE/POLIS (2005). *Juventude brasileira e democracia*: *participação, esferas e políticas públicas*. Rio de Janeiro: Ibase/Polis, 103 p. [Relatório final de pesquisa].

LEFEBVRE, H. (1969). *O direito à cidade*. São Paulo: Documentos.

MAFFESOLI, M. (1998). *O tempo das tribos* – O declínio do individualismo nas sociedades de massa. Rio de Janeiro: Forense Universitária.

MARGULIS, M. & URRESTI, M. (1996). La juventud es más que una palabra. In: MARGULIS, M. (org.). *La juventud es más que una palabra*. Buenos Aires: Biblos, p. 13-31 [Estudios Sociales].

MELUCCI, A. (2004). *O jogo do eu*: a mudança de si em uma sociedade global. São Leopoldo: Unisinos.

_____ (2001). *A invenção do presente* – Movimentos sociais nas sociedades complexas. Petrópolis: Vozes.

_____ (1994). *Passagio d'epoca*: il futuro è adesso. Milano: Feltrinelli.

NOVAES, R. (2006). Os jovens de hoje: contextos, diferenças e trajetórias. In: ALMEIDA, M.I.M. & EUGENIO, F. (orgs.). *Culturas jovens*: novos mapas do afeto. Rio de Janeiro: Zahar, p. 105-120.

PAIS, J.M. (2006). Buscas de si: expressividades juvenis. In: ALMEIDA, M.I.M. & EUGENIO, F. (orgs.). *Culturas jovens*: novos mapas do afeto. Rio de Janeiro: Zahar, p. 7-24.

_____ (2003). *Ganchos, tachos e biscates*: jovens, trabalho e futuro. Porto: Ambar.

REGUILLO, R. (2000). *Emergencia de culturas juveniles*: estrategias del desencanto. Bogotá: Norma.

_____ (1995). *En la calle otra vez: las bandas* – Identidad urbana y usos de la comunicación. Guadalajara: Iteso.

SANTOS, B.S. (s.d.). "Modernidade, identidade e cultura de fronteira". *Tempo Social* – Revista de Sociologia da USP, vol. 5 (1-2), p. 31-32.

SPOSITO, M.P. (2003). "Uma perspectiva não-escolar no estudo sociológico da escola". *Revista USP*, n. 57, mar.-mai., p. 210-226.

_____ (2002). Juventude e escolarização. Brasília: Inep/ Comped, 221 p. [Estado do Conhecimento, 7].

TOURAINE, A. (2000). *Qué es la democracia?* México/DF: FCE.

WILLIS, P. (1994). La metamorfosis de mercancias culturales. In: *Nuevas perspectivas críticas em educación*. Barcelona: Paidós, p. 166-201.

8

Conhecimento escolar, cultura e poder: desafios para o campo do currículo em "tempos pós"

Carmen Teresa Gabriel
Professora da Faculdade de Educação da UFRJ
Pesquisadora do Núcleo de Estudos de Currículos-NEC/UFRJ

> *A afirmação feita por sociólogos de que todo saber é produzido socialmente para propósitos particulares em contextos particulares é, hoje, relativamente incontroversa. Contudo, será que isso quer dizer que o que é considerado saber na sociedade ou o que é escolhido para ser incluído no currículo num determinado momento nada mais é do que aquilo que aqueles que estão em posições de poder decidem ser o saber?*
> (YOUNG, 2000: 13, grifo nosso).

A dúvida formulada, na questão que serve de epígrafe, por um dos representantes mais expressivos da teoria curricular crítica, paira como um espectro no campo do currículo há quase uma década. Contrapartida da linguagem de denúncia que marcou a teorização curricular crítica inaugurada no final dos anos de 1960, sua formulação se faz em tempos de novas problematizações epistemológicas colocadas pelas críticas pós-modernas e pós-estruturalistas, evidenciando tensões que extrapolam o quadro teórico de sua emergência e se apresentam como verdadeiras aporias para os pesquisadores do campo.

Com efeito, a discussão acerca da natureza do conhecimento escolar implícita na dúvida formulada por Michael Young

212

envolve, no nosso presente, o enfrentamento de tensões entre princípios orientadores da leitura do mundo – presentes nos discursos sobre conhecimento, poder e cultura – produzidos no campo educacional, em particular, no campo do currículo. Essas tensões se manifestam nas controvérsias entre perspectivas universalistas e relativistas e, mais recentemente, nos conflitos entre perspectivas essencialistas e construcionistas, trazendo à tona a questão da linguagem.

Os questionamentos, nesses tempos pós, sobre os mecanismos de controle e mudança social internos à instituição escolar, movimentam-se em um terreno onde se entrecruzam diferentes matrizes teóricas e seus respectivos discursos híbridos (MOREIRA & MACEDO, 1999) sobre conhecimento, cultura, poder e currículo, produzidos a partir de bases epistemológicas que se definem em função do posicionamento frente às tensões anteriormente mencionadas. Essas interrogações, ao se tornarem mais agudas e radicais, impõem desafios que nos desestabilizam e tendem a nos colocar no lugar da "crítica sem alternativa" (YOUNG, 2000). Não se trata mais de, apenas, denunciar a classificação arbitrária entre os diferentes tipos de conhecimento, explicitar os grupos de interesse com poder de decidir e legitimar o conhecimento a ser ensinado, defender as diferenças e combater a desigualdade. É preciso, também, enfrentar as implicações políticas e epistemológicas dessas denúncias, explicitações, defesas e combates na possibilidade de estabelecimento de relações entre sujeitos e saberes em tempos em que o próprio entendimento sobre esses termos é percebido também como campo de disputa.

"Tempos pós". Tempos de uma nova ordem de acumulação de capital, de uma nova lógica cultural, da centralidade da linguagem na produção do mundo "em significados", da crítica radical a uma racionalidade moderna pautada em noções de objetividade, verdade, universalidade que, embora estejam sendo problematizadas e questionadas, ofereceram, até época recente, os parâmetros para a elaboração de grades de inteligibilidade do mundo socialmente legitimadas.

Tempos de escola "sob suspeita", em que a questão da produção dos saberes escolares nos remete diretamente às problemáticas da verdade, da racionalidade e da objetividade do conhecimento no processo de legitimação dos conteúdos considerados válidos de serem ensinados e aprendidos. Tempos em que se evidenciam os mecanismos de poder, socialmente construídos, que entram em jogo na estratificação e distribuição desses conteúdos curricularizados, tanto no que dizem respeito à regulação do acesso ao conhecimento historicamente acumulado como das formas possíveis de se relacionar com o mesmo.

Tempos também de desigualdades, em que o fosso entre aqueles que podem ter acesso aos bens materiais e culturais disponíveis nesse mundo (e deles usufruir) e aqueles que não estão em condições, nem em posição, de poder disputar esse tipo de acesso, continua aumentando. Tempos para alguns, ainda de utopias, da crença de que a escola pública, em uma sociedade desigual como a nossa, ainda possa significar, para muitos, o único espaço possível para se constituírem como sujeitos e disputarem novas posições nas relações assimétricas de poder, "novos papéis num mundo mutante e em crise" (VEIGA-NETO, 2000: 55). Sujeitos suficientemente críticos para criticar essa própria instituição que os formou. Sujeitos epistêmicos, que estabelecem relações com o saber, sujeitos fragmentados e atuantes, negociando, disputando sentidos sobre esse mundo. Sentidos produzidos por meio da relação – que lhes foi possível estabelecer nos limites de seu campo de possibilidades – com os saberes sócio-historicamente construídos e acumulados.

Tempos pós em que a condição (da escola), de estar "sob suspeita", significa que não foi demonstrada ainda a extensão de sua responsabilidade na construção do projeto de uma modernidade que apresenta nítidos sinais de esgotamento e, portanto, não nos autoriza a negar radicalmente a potencialidade dessa instituição em significar e agir no e sobre o mundo. Tempos em que a crença que se encontra na base da fundamentação da justificativa da ampliação da educação formal no século XX – "de que do ponto de vista cognitivo o conhecimento adquirido por meio do currículo seja superior ao conhecimento adquirido na vida cotidiana" (YOUNG, 2002: 54) –, embora abalada nessas últimas décadas, não pode ser ignorada. Não foi justamente, como afirma Young (2002), um currículo disciplinar isolado do conhecimento cotidiano, característica quase universal dos sistemas educacionais, que constituiu a base para a expansão maciça do conhecimento e crescimento econômico dos últimos 150 anos? Considerando que essa expansão e crescimento possam ser significadas, sob determinados aspectos, também como positivas, como não incorporar esse argumento em nossas reflexões e produções discursivas críticas sobre o papel da escola na nossa contemporaneidade?

Tempos, pois, de ambivalência, de múltiplos sentidos em movimento, de decisões na incerteza, de subversões, de hegemonias contingenciais, de um presente com novas propostas de equacionamento das tensões entre "campos de experiência" e "horizontes de expectativas" (KOSELLECK, 1990).

O objetivo desse texto é retomar a dúvida expressa por Michael Young no contexto das inquietações desses tempos pós. Interessa-me explorar a fecundidade da permanência da questão/dúvida mais do que as tentativas de respostas possíveis já elaboradas (FORQUIN, 2000; YOUNG, 2000, 2002, 2007; SILVA, 1997, 2000). Reconhecer a pertinência de sua formulação no nosso presente, a sua condição de questão que se mantém atual, a despeito dos diferentes híbridos culturais que são produzidos em permanência no campo do currículo. Refletir sobre seus possíveis desdobramentos, sobre outras questões que essa interrogação carrega em si, sobre novos e velhos desafios que ela insiste em nos colocar: Será que devemos renunciar, no campo do currículo, a quaisquer critérios epistemológicos ou pedagógicos, quando nos referimos aos saberes ensinados e aprendidos nas escolas? Efeito da incorporação no campo do currículo das perspectivas sociológicas e culturais de diferentes matrizes teóricas, essa dúvida atinge diretamente o conhecimento, considerado central na reflexão curricular. Nesses tempos em que o comprometimento da escola com ideais de uma modernidade em crise que já foram devidamente denunciados, ainda é possível apostar no conhecimento escolar e reinvesti-lo de algum sentido político transformador? Ou não teria mais sentido enfatizar, nas discussões políticas do campo, a questão do conhecimento?

Trazer essas questões à tona, no contexto de discussão atual do campo do currículo, implica reconhecer a pertinência da centralidade do conhecimento escolar nas discussões curriculares, bem como as implicações dessa assunção para o avanço da reflexão nesse campo. Isso significa apostar tanto na potencialidade dessa centralidade, sem ingenuidades nem niilismos, para discutir as relações de poder e a dimensão política do currículo, como na fecundidade do processo de hibridização dos discursos presentes no campo do currículo, para repensar a articulação entre conhecimento, cultura e poder.

Inicio minha argumentação procurando rastrear alguns dos discursos acerca da relação conhecimento, poder e cultura, reelaborados e articulados nos debates do campo do currículo na última década. Importa aqui perceber como essas reelaborações e articulações, em tempos pós, lidam com as tensões – universalismo *versus* relativismo; essencialismo *versus* construcionismos, que estão presentes na base epistemológica sobre as quais o conhecimento no e do campo do currículo é produzido. Em seguida, identifico, entre as articulações discursivas presentes no campo, algumas pistas possíveis para o enfrentamento da questão do conhecimento escolar aqui proposta. Finalizo sugerindo algumas implicações de ordem política e epistemológica dessa reflexão para o fazer curricular na prática pedagógica cotidiana.

Discursos sobre conhecimento, poder e cultura no campo do currículo

Retomo a ideia da "escola sob suspeita" como fio condutor das minhas argumentações. Afinal, é pelo fato de essa instituição estar nessa condição que este texto pode ter algum sentido. Pretendo, pois, discutir essa condição a partir do campo do currículo, analisar os discursos sobre conhecimento, poder e cultura, que circulam nesse campo, de forma articulada e conectada ao contexto escolar, e, assim, continuar a politizar o debate. Perceber como e por que, no campo do currículo, passou-se a atribuir sentidos a esses termos, de tal forma entrecruzados e imbricados, que hoje se torna difícil referir-se a um, sem mencionar o outro. Ou, ainda, perceber os interesses em explicitar e denunciar certas articulações em novos discursos produzidos no campo que, em outros textos curriculares, não apareciam, até então, como objeto de problematização. Compreender como esses novos discursos são constantemente reatualizados, reelaborados, produzindo novos "híbridos culturais" (MACEDO & LOPES, 2002: 16), a partir da incorporação de outras contribuições teóricas no campo. Identificar as contribuições de outros discursos produzidos em áreas distintas, para a construção desses sentidos híbridos, bem como as mudanças que transcendem campos disciplinares e que se situam no próprio terreno onde são produzidas as condições do pensável, em cada presente onde os diferentes discursos são produzidos.

Comecemos por essas mudanças mais amplas que caracterizam nossos tempos pós. Stuart Hall, em texto publicado no Brasil, no final dos anos de 1990, ajuda-nos a pensar o papel "constitutivo da cultura em todos os aspectos da vida social" (HALL, 1997), a partir da segunda metade do século XX, sublinhando o "amplo poder analítico e explicativo" que esse conceito adquiriu na teorização social, bem como o seu potencial político nos tempos presentes. Importa observar que, para esse autor, não se trata de reconhecer apenas o papel importante ocupado pela cultura nos debates do campo das ciências humanas e sociais. Hall (1997) chama a atenção tanto para a centralidade "substantiva" quanto para o "peso epistemológico" da cultura no mundo em que vivemos. Para ele, o aspecto substantivo da cultura autoriza reconhecer o seu lugar "na estrutura empírica real e na organização das atividades, instituições e relações culturais na sociedade em qualquer momento histórico particular" (HALL, 1997). Do mesmo modo, o seu peso epistemológico garante a "sua centralidade também em relação às questões de conhecimento e conceitualização" (HALL, 1997) e, dessa forma, o seu importante papel na transformação de nossa compreensão, explicação e modelos teóricos do mundo.

O impacto da cultura, nas estruturas empíricas e materiais da organização social, tem acarretado uma verdadeira "revolução cultural" que atinge não apenas aspectos da ordem societária (como os fenômenos da globalização e da revolução tecnológica), mas também abarca a vida cotidiana. Algumas das marcas mais importantes da dimensão global dessa revolução consistem na amplitude de seu impacto e em seu caráter democrático e popular. Novas cartografias espaçotemporais permitem novas percepções, projeções e identificações, tanto dos indivíduos quanto de coletividades. Nesse movimento, tendências homogeneizantes e particularistas de mundo se confrontam, fazendo implodir, no cenário político mundial, os conflitos identitários cuja compreensão e explicação mobilizam discursos sobre as tensões entre perspectivas universalistas e relativistas, bem como essencialistas e construcionistas. Dependendo da forma de significar cada uma das noções que estão no polo dessas tensões, bem como a própria articulação entre esses princípios, é possível perceber esses tempos em termos da existência de uma cultura global mais ou menos homogênea, ou de novas identificações identitárias, ou ainda de criação de alternativas híbridas. Como afirma Stuart Hall (1997):

Por bem ou por mal, a cultura é agora um dos elementos mais dinâmicos – e mais imprevisíveis – da mudança histórica no novo milênio. Não deve nos surpreender, então, que as lutas pelo poder sejam crescentemente simbólicas e discursivas, ao invés de tomar, simplesmente, uma forma física e compulsiva, e que as próprias políticas assumam progressivamente a feição de uma política cultural (HALL, 1997).

O peso epistemológico da cultura na leitura dessa revolução societária, nos termos propostos por Hall, pode ser avaliado pelo entendimento de um outro tipo de revolução, de ordem conceitual, que o mesmo autor chama de "virada cultural", caracterizada por uma mudança paradigmática nas ciências sociais. Como afirma Hall (1997), essa virada cultural, bem como seus efeitos no campo do pensável, não se limitou a um ou outro campo de estudo. Ela se impôs como um discurso que desestabilizou as bases epistemológicas sobre as quais se assentaram, até então, as diferentes matrizes teóricas que contribuíam para a nossa leitura de mundo. Estreitamente articulada ao que passou a ser chamado de "virada linguística" nas análises pós-estruturalistas, essa revolução conceitual colocou em evidência o papel constitutivo desempenhado pela linguagem, pelos significados, pelos sistemas de significação nos quais os objetos e os sujeitos são posicionados e se posicionam frente a outros objetos e sujeitos. A assunção desse entendimento de cultura como "rede de significados", como um "conjunto de sistemas de significação", implica o distanciamento das perspectivas essencialistas, seja do ponto de vista biológico e/ou cultural na apreensão da "realidade".

Ao assumir esse papel constitutivo da linguagem, essa mudança paradigmática permite, igualmente, redimensionar as preocupações universalistas e relativistas presentes nos discursos sobre cultura, como partes integrantes desses sistemas de significação que posicionam sujeitos com interesses em reforçar ou combater um ou outro desses polos na compreensão das práticas estudadas.

A assunção da centralidade da cultura no plano do pensamento e da produção do conhecimento nas diferentes áreas disciplinares e interdisciplinares implica, assim, uma escolha que extrapola, ou melhor, que é anterior à escolha de possíveis interlocuções teóricas, conceitos centrais ou enfoques disciplinares. Operar com o conceito de cultura, nessa perspectiva, passa a ser uma condição de pensamento, um princípio orientador de leitura do mundo. Importa sublinhar que essa revolução conceitual foi sendo incorporada no âmbito de novos campos interdisciplinares de investigação bem como nas disciplinas tradicionais, por meio de movimentos de continuidades e rupturas em relação a algumas tradições já presentes no campo das ciências sociais, nas quais as questões do significado e do simbólico já ocupavam um lugar de destaque. Vale ressaltar, também, que esse movimento de incorporação far-se-á igualmente em função das respectivas especificidades dos campos de estudo, suscitando diferentes questões que serão significadas em função do sistema de significação teórico hegemônico em um determinado campo, no momento em que elas emergem como objetos de reflexão. Não é por acaso que entre esses campos, os dos chamados Estudos Culturais, inaugurado na Inglaterra nos anos de 1960, de vocação interdisciplinar, é talvez aquele que, na atualidade, assume de forma mais explícita a incorporação desse novo paradigma no seu quadro de reflexão.

Meu propósito, neste texto, ao trazer essa discussão, não é o de criar critérios de classificação ou de mapeamento das tendências no campo do currículo. Trata-se, sim, de reconhecê-la como pano de fundo, de perceber como esses "ares dos nossos tempos", ao serem incorporados no campo do currículo no Brasil, mesclam-se com outras tendências e orientações já existentes, produzindo novas perspectivas de olhar o campo e, em particular, a questão da natureza do conhecimento escolar. Afinal, como sugerem Antonio Flávio Moreira e Elizabeth Macedo, em artigo publicado no final dos anos 1990:

> [...] nos anos de 1990, no âmbito do globalismo, transferência educacional deva ser entendida como processo necessariamente plural e contraditório, do qual participam diferentes países, grupos e indivíduos em situações desiguais de poder, e que se caracteriza pelo intercâmbio e pela hibridização de ideias, modelos institucionais e práticas. Desses confrontos resultam antagonismos e integrações, diversidades e desigualdades (MOREIRA & MACEDO, 1999: 26).

Se o debate acerca da construção, seleção, organização e distribuição do conhecimento escolar e suas imbricações com questões de poder e cultura está posto no campo do currículo há mais de três décadas, no Brasil, foi preciso esperar os anos de 1990 para que as produções começassem a incorporar, em seu processo de hibridização, essas contribuições. Enquanto em países como a Inglaterra e os Estados Unidos, desde o final dos anos de 1960, vêm sendo abertas pistas fecundas para a compreensão dos mecanismos de regulação internos ao processo de produção dos conhecimentos escolares, no Brasil as repercussões desse debate no pensamento curricular ganham espaço e se consolidam apenas nos anos de 1990 (MACEDO & LOPES, 2002).

Desde então, a denúncia das relações intrínsecas entre o processo de produção e distribuição do conhecimento escolar e os mecanismos de controle social está posta e suficientemente presente nas produções de estudiosos representativos do campo do currículo no Brasil, dessa última década (MOREIRA, 1995a, 1995b, 1997, 1998, 1999, 2002; LOPES,1997a, 1997b, 1997c, 1999, 2000a, 2000b, 2007; MACEDO, 2002, ALVES & OLIVEIRA, 2001). Podemos, então, considerar o enfoque sociológico, na perspectiva da teoria curricular crítica, como um dos discursos preponderantes no processo de hibridização de matrizes teóricas nessa década. A partir da segunda metade dos anos 1990, matrizes teóricas informadas pelas contribuições críticas pós-modernas e pós-estruturalistas vêm se mesclar com as tendências já presentes no campo do currículo, ampliando as possibilidades de pensar e (re)significar conhecimento, cultura e poder, problematizando antigas articulações estabelecidas no quadro da teoria curricular crítica.

É, pois, em um terreno híbrido onde emergem e se entrecruzam, no espaço de uma década, tendências e matrizes teóricas críticas e pós-críticas, que as reflexões acerca das articulações possíveis entre conhecimento, cultura e poder vêm se desenvolvendo, desde então, no campo do currículo no Brasil. Percebe-se, assim, nas produções sobre conhecimento escolar desse campo, a partir da segunda metade da década de 1990, uma mescla entre preocupações, conceitos, enfoques e interlocuções teóricas diferenciadas. Muitas vezes o processo de hibridização nesses estudos ocorre entre os diferentes sistemas de significação nos quais esses termos estão inseridos; em outros momentos, são os princípios orientadores de leitura de mundo que se mesclam.

Desse modo, não é raro encontrarmos, em uma mesma produção textual do campo, a discussão de conceitos, como identidade e diferença, tendo como base a perspectiva construcionista da linguagem e, simultaneamente, operar com a própria ideia de currículo como algo coisificado, essencializado. O uso da expressão "artefato cultural", nesses estudos, ao deixar entender que o sentido de currículo se encontra no "objeto em si" e não em um sistema de significação no qual o mesmo se insere, é um exemplo do tipo de mescla apontada. Outros discursos usam o conceito de cultura no plural, evidenciando a presença de perspectivas relativistas, muitas vezes o associando à ideia de conhecimento, quando se trata da defesa dos princípios de um multiculturalismo crítico, aberto, sem que, no entanto, sejam questionados os essencialismos culturais que muitas vezes acompanham essas formulações discursivas sobre identidades e diferenças.

Outras vezes, o próprio conceito de cultura é tratado, em um mesmo texto, a partir de diferentes bases epistemológicas. É possível encontrarmos, ao lado da assunção clara de uma perspectiva construcionista da linguagem na conceituação de currículo, a presença de perspectivas relativistas e essencialistas quando se referem aos discursos sobre culturas, produzidos nesses currículos, vistos como práticas de significação.

De uma maneira geral, uma análise assistemática da produção curricular no Brasil sobre as formas de apropriação dessas tensões permite perceber que, senão o enfrentamento, pelo menos a necessidade de fazê-lo está explicitamente posta no campo, no que se refere às controvérsias entre universalismo e relativismo, a despeito da escolha do enfoque teórico crítico ou pós-crítico. Os debates calorosos ocorridos no final dos anos de 1990 entre representantes expressivos do campo (FORQUIN, 2000; SILVA, 2000; CANDAU, 2000) são indicadores relevantes desse tipo de explicitação. Por outro lado, o enfrentamento da tensão entre as perspectivas essencialistas e construcionistas de ver o mundo, central no âmbito da virada cultural, parece-me ainda estar mais circunscrita aos estudos de currículo que dialogam com as contribuições das críticas pós-estruturalistas. A articulação do enfrentamento dessas tensões parece-me, contudo, ser um caminho promissor do ponto de vista teórico.

Ao apontar, de forma breve, essas leituras e apropriações do campo do currículo, não pretendo sublinhar potencialidades e fragilidades de um desses discursos híbridos produzidos nesse espaço. Interessa-me potencializar a possibilidade de produção permanente de novos discursos híbridos. Trata-se de apostar nessa possibilidade discursiva – de pensar o campo – como um caminho fértil para avançar na discussão acerca de verdades, objetividades, subjetividades que envolvem o debate em torno dos conhecimentos escolares. Acreditar, igualmente, que o alcance político desses movimentos de hibridização pode ser potencializado, ao reconhecermos que eles ocorrem em contextos específicos de produção discursiva.

Essas apostas implicam entender que a significação dos termos acima mencionados deve ser formulada nos limites das redes de significado que, embora possam produzir sentidos plurais, permitem formular problematizações que diferenciam a instituição escolar de outras. Os discursos, para serem sobre escola, a despeito das matrizes teóricas mobilizadas, são discursos que significam essa instituição como lócus que mantém relações privilegiadas com os saberes. Não quero afirmar, com isso, que nesse espaço não circulem outros discursos diferentes de discursos sobre saberes, mas são eles, ou o que se faz com eles, que justificam a existência dessa instituição, ainda que em crise.

Nessa perspectiva, a questão do conhecimento me parece permanecer central nos debates políticos do currículo, mesmo quando operamos com as contribuições teóricas decorrentes da virada cultural anteriormente mencionada. Minha argumentação central, neste texto, consiste em defender a pertinência de operar com a ideia de currículo como prática de significação (SILVA, 1997, 1999) ou como espaço de fronteira, entrelugar, como espaço de enunciação (MACEDO, 2004, 2006a, 2006b) e, simultaneamente, continuar insistindo na necessidade do enfrentamento com a questão dos saberes. Defendo que a incorporação de discursos sobre cultura e poder, elaborados no âmbito dos estudos culturais e pós-coloniais, quando articulada com outros discursos presentes no campo pode contribuir positivamente para esse enfrentamento, tanto do ponto de vista epistemológico quanto político.

Nas críticas recentes, elaboradas por aqueles representantes do campo que incorporam em suas produções as implicações da virada cultural, em particular as formuladas por Macedo (2004, 2006a, 2006b), não há uma objeção direta à minha argumentação. No entanto, elas instigam, sem dúvida, a reflexão sobre a temática do conhecimento escolar, exigindo a busca de argumentos mais consistentes.

Preocupada em propor uma alternativa teórica para pensar politicamente o currículo como produção cultural, Macedo se propõe a repensar "as relações entre cultura e currículo para além das distinções binárias entre produção e reprodução cultural expressas em termos como currículo como fato e currículo como prática [...]" (MACEDO, 2006b: 105). Segundo Macedo, um dos obstáculos para a produção de uma outra leitura política do cultural no campo do currículo consiste justamente na presença, ainda predominante nesse campo, de um discurso sobre cultura que insiste em significá-la e tratá-la como objeto de ensino (MACEDO, 2004) e, nesse sentido, oferece a base de fundamentação da crítica a uma certa ideia de conhecimento e de verdade. É essa concepção de cultura que estaria, pois, na base das formulações discursivas informadas tanto pelas perspectivas críticas e pós-críticas, a responsável pela redução do debate político interno ao campo, às análises acerca da seleção, distribuição e classificação do conhecimento escolar. A alternativa então proposta seria a de (re)significar a interface entre currículo e cultura, a partir das redefinições desses dois termos.

O reconhecimento da pertinência e fecundidade dessas críticas para a discussão política do campo como produção cultural – em "uma época em que o político parece se confundir com o cultural" (JAMESON, 2001, apud MACEDO, 2006) – não evita o enfrentamento da questão do conhecimento. Ao contrário, a crítica, tal como formulada, de um determinado discurso sobre a interface entre currículo e cultura não deixou imune a articulação estabelecida com o conhecimento, demandando novos esforços teóricos para pensar essa questão do ponto de vista político, epistemológico e pedagógico. Essa tarefa exige que continuemos a buscar, igualmente, novas redefinições para a interface entre conhecimento e cultura no campo do currículo. Concordo que não devamos reduzir o pensamento político do campo do currículo à questão da validade do conhecimento, mas isso não significa que essa questão não permaneça sendo uma questão também política, envolvendo diretamente escolhas entre os modos de regulação disponíveis, isto é, entre as combinações possíveis de restrições e liberdades (HALL, 1997). Do ponto de vista epistemológico e pedagógico, a pergunta sobre os critérios de seleção dos conteúdos curriculares permanece e nos questiona diariamente (CANDAU, 2007), exigindo tomada de decisões nas arenas culturais nas quais somos posicionados e nos posicionamos, seja como pesquisadores ou como professores.

Precisamos, assim, buscar formas possíveis de articulação, de hibridização entre as diferentes matrizes teóricas disponíveis que potencialize os aspectos políticos e epistemológicos da interface conhecimento e cultura. Defendo, pois, que significar o currículo como espaço-tempo de fronteira hibridizado, onde são produzidas e negociadas diferenças e identidades (MACEDO, 2006a), ao contrário de nos afastar da problemática do conhecimento, pode abrir pistas interessantes para pensar os mecanismos de regulação social implementados na instituição escolar via saberes escolares. Isto pressupõe, todavia, reorientar o foco da discussão dos saberes como objetos para a relação estabelecida entre sujeitos e saberes, em um espaço específico de enunciação. Isto é, reconhecer esses saberes como enunciados produzidos por práticas discursivas que, como tais, envolvem produção, distribuição e consumo específicos. A seguir explorarei as potencialidades teóricas dessa afirmação.

Articulações discursivas possíveis e algumas apostas

Como enfrentar as questões políticas, epistemológicas e pedagógicas que envolvem os discursos sobre conhecimentos escolares no campo do currículo? Que relações privilegiar entre sujeitos e conhecimentos escolares nesse espaço de enunciação, onde são produzidas e negociadas políticas de diferença? Em que medida as relações estabelecidas com os saberes na escola podem contribuir para a produção de discursos híbridos e ambivalentes e politicamente subversivos? Que especificidades precisam ser levadas em conta nas produções discursivas da diferença e da igualdade quando elas ocorrem nos contextos escolares? Qual o papel da "relação com os saberes" (CHARLOT, 2001, 2005) nessa prática discursiva específica? Como podemos produzir discursos sobre os saberes e sobre a relação com os saberes no campo do currículo, de forma que possam contribuir tanto para teorização política do currículo quanto para a "promoção do aprendizado"? (YOUNG, 2002).

Essas questões são apenas alguns exemplos de possibilidades de retomar a dúvida formulada por Young (2002), levando em conta algumas articulações discursivas disponíveis no campo do currículo no Brasil. Trata-se, assim, de explorar o caminho sugerido anteriormente, que consiste em considerar a produção do conhecimento escolar como práticas discursivas, no sentido defendido pelas teorias da linguagem que incorporaram a virada cultural nas suas grades de leitura do mundo. Não me parece difícil reconhecer a centralidade da dimensão discursiva nas práticas escolares, quando entendemos essa dimensão como sendo aquela que, mediante os usos da linguagem, dos discursos, produz sentidos sobre as práticas sociais. No que diz respeito à produção e à distribuição do conhecimento escolar, essa afirmação me parece ainda mais pertinente, se considerarmos que produzir conhecimentos é operar no universo de significados, é atribuir sentidos aos fenômenos naturais e sociais. Nessa perspectiva, a produção do conhecimento escolar pode ser entendida como uma produção de discursos sobre esses diferentes fenômenos, que ocorre em um contexto específico. Essa afirmação implica avançar a reflexão no sentido de identificar tanto as condições de produção, distribuição e consumo dessa prática discursiva específica, quanto os seus efeitos de poder na construção de sujeitos, identidades e diferenças.

Julgo que o estudo de questões que envolvem diferenças e hierarquias entre diferentes tipos de conhecimento, validade, credibilidade do conhecimento escolar e o acesso a essa modalidade de conhecimento pode se enriquecer na perspectiva de hibridização de matrizes teóricas, aqui defendida. Nesse sentido, identifico a seguir algumas contribuições teóricas que me parecem fecundas para o enfrentamento da dúvida que está na base dessas reflexões. Tais contribuições podem ser explicitadas nos estudos que reconhecem a especificidade tanto da escola quanto do conhecimento nela produzido, que oferecem subsídios para pensar a relação que se estabelece entre sujeitos e saberes escolares, bem como naqueles que incorporam os efeitos da "virada cultural" para pensar politicamente o campo do currículo, para além das perspectivas essencialistas e dicotômicas, colocando em evidência o papel constitutivo da linguagem.

Os primeiros estudos apontados, ao se preocuparem com os processos de construção dos saberes escolares, contribuem para a reflexão sobre as particularidades das condições em que estes saberes são produzidos, distribuídos e consumidos. Trata-se das vertentes de pesquisa no campo do currículo que, desde o início dos anos 1990, vêm desenvolvendo estudos sobre a especificidade desse tipo de configuração do saber. A proliferação e diversidade da terminologia presente nos debates acadêmicos desde então – "cultura escolar" (FORQUIN, 1993), "saber escolar" (FORQUIN, 1992; PERRENOUD, 1998, 1993; DEVELAY, 1991, 1995; GABRIEL, 1999, 2000, 2003), "conhecimento escolar" (LOPES, 1997, 1999), "disciplina escolar" (CHERVEL, 1990; GOODSON, 1990, 1995), "conteúdos curricularizados" (GIMENO SACRISTAN, 1995, 1996), "saber a ensinar", "saber ensinado" (CHEVALLARD, 1991), "saberes aprendidos" (DEVE-

LAY, 1991a, 1991b, 1995) – são sintomas tanto da presença dessas questões quanto de contribuições vindas de campos disciplinares e/ou horizontes teóricos distintos para pensar a produção do conhecimento na sua forma escolarizada, como uma configuração própria.

Interessa-me, pois, sublinhar neste texto, a despeito das especificidades relativas às tradições teóricas, ao enfoque e às ênfases que cada um desses termos tende a traduzir, as potencialidades de um sistema de significação específico – o da epistemologia social escolar[1] –, no qual essas categorias são produzidas discursivamente, para pensar os saberes como enunciados produzidos em espaços de enunciação específicos, como o do currículo escolar.

Desse modo, embora reconheça que algumas dessas formulações discursivas operam com concepções de poder hierarquizado e de cultura coisificada, defendo que a potencialidade desses estudos, para a reflexão aqui proposta reside, em um primeiro momento, no reconhecimento da necessidade de problematização da especificidade política e epistemológica no tratamento dessa questão. Esse reconhecimento abre a possibilidade de trazer para o debate acerca dos discursos sobre currículo, conhecimento e cultura, o papel desempenhado pelas condições onde eles são formulados. Isso significa, por exemplo, disputar sentidos subversivos de diferença na condição de professor/a e aluno/a. Isto

---

1. A perspectiva da epistemologia social escolar se propõe a incorporar, de forma articulada, as contribuições da epistemologia escolar e das teorias críticas e pós-críticas do currículo. De um lado ela se preocupa com a problemática da construção dos saberes que circulam na escola, a partir do reconhecimento da especificidade de suas condições de produção e transmissão. De outro, ela pressupõe a assunção de uma epistemologia histórica, plural, aberta ao reconhecimento da diversidade de formas de racionalidade e de validade do conhecimento que se legitima também através de relações de poder .

é, em situações em que as exigências e contingências do ensinar e aprender estabelecem limites nas escolhas das modalidades de regulação social.

Outro aspecto que me parece fértil nessas contribuições consiste no fato de esse reconhecimento abrir a possibilidade de pensarmos em discursos sobre objetividade e verdade dos saberes escolares em registros específicos. Essa possibilidade permite problematizar os discursos de uma epistemologia tradicional sem negar a pertinência de continuarmos buscando o diálogo com o terreno da epistemologia. Esse diálogo, na atualidade, com a incorporação pelo campo educacional das perspectivas culturais, a despeito das matrizes teóricas privilegiadas, está longe de se apresentar como uma questão tranquila. Nos discursos sobre a validade do conhecimento escolar, em que cultura aparece significada como "objeto a ensinar", é comum que os debates aconteçam em torno de questões que envolvam discursos sobre a seleção das "culturas" que deveriam estar, ou não, representadas no currículo, mobilizando a defesa tanto de perspectivas universalistas quanto relativistas. Nas formulações discursivas em que se percebe a incorporação da concepção constitutiva da linguagem, e que, portanto, distanciam-se das concepções essencialistas de cultura e de conhecimento, a busca do enfrentamento de questões de objetividade e verdade passa a ser visto, por alguns autores, como Tomaz Tadeu da Silva, como não mais necessário:

> Os significados são função de posições específicas de poder e promovem posições particulares de poder. Não é necessário, nessa perspectiva, fazer intervir qualquer efeito epistemológico do poder sobre o significado. Efeitos **de sentido não são verdadeiros ou falsos; eles são mais mundanamente, mais profanamente, "apenas" efeitos de verdade. As lutas por significado não se resolvem no terreno da epistemologia, mas no terreno do político, no terreno das relações de poder** (SILVA, 1997, grifo nosso).

Esse ponto toca no cerne da dúvida sobre a natureza do conhecimento escolar. Que critérios podem ser mobilizados para afirmar que alguns saberes valem a pena serem ensinados em detrimento de outros, após a formulação das críticas pós-modernas e pós-estruturalistas? Entre esses critérios, ainda teriam sentido aqueles que incidem em questões de objetividade, subjetividade e verdade? Em que medida não podemos pensar em discursos recontextualizados e hibridizados sobre essas questões produzidos no âmbito da epistemologia social escolar?

A afirmação de Michael Young (2002) sobre a pertinência e necessidade de reconhecer que "o conhecimento tem uma objetividade, e não é apenas um processo histórico" (YOUNG, 2006: 77) parece-me uma pista fecunda para avançar nessa discussão. Apoiado nas teorizações de Durkheim e de Vygotsky, sobre a natureza e diferenciação entre conhecimento científico e conhecimento cotidiano, Young argumenta a favor do reconhecimento de uma exterioridade, leia-se objetividade socialmente construída e compartilhada, do saber. É essa dimensão objetivada que permitiria a criação e aquisição de novos conhecimentos, bem como ofereceria as condições para que eles possam ser traduzidos, reelaborados, acumulados, criticados, transmitidos, ensinados e aprendidos. Assumir essa objetividade socialmente compartilhada do conhecimento implica reconhecer que essa sociabilidade não enfraquece a sua objetividade, nem a sua possibilidade de estabelecer regimes de verdades, sendo, ao contrário, uma condição para que eles ocorram. Contudo, reconhecer que o "conhecimento é construído social e historicamente, mas não pode ser subordinado aos processos de construção históricos e sociais" (YOUNG, 2002), não exime que essa "objetivação" seja analisada pelo crivo das perspectivas tanto relativistas quanto construcionistas. Como estabelecer fronteiras entre a parcela sócio-histórica e a parcela objetiva/externa do conhecimento, indispensável quando se trata de ensinar e aprender? Em que medida é

231

possível produzir híbridos culturais onde esses discursos sobre a natureza do conhecimento apareçam suficientemente entrelaçados? De outra maneira, como poderemos sugerir que o que se ensina e se aprende na escola, como conhecimento válido, não é determinado apenas pelos interesses de grupos específicos contingenciais?

Entre o niilismo epistemológico que nega a possibilidade de estabelecimento de qualquer regime de verdade e a crença na existência de verdades absolutas, definitivas, universais – independentes dos interesses em disputa presentes nos campos científicos onde elas são formuladas –, não existiriam possibilidades de assumir posições intermediárias? Significar o conhecimento escolar como enunciados, produzido em uma *episteme* própria, não potencializaria o seu papel na construção de sujeitos que possam posicionar-se nas disputas de seu presente de forma crítica e subversiva? Enunciados cujos sentidos podem estar sempre sendo reinvestidos pelos sujeitos em função dos interesses políticos em disputa no currículo/espaço de enunciação.

> Por tudo isso Foucault entende que enunciado é um certo objeto produzido, manipulado, transformado, composto, decomposto, destrutível. Não basta que seja datado, pois a materialidade deve ser susceptível de repetição que obedece a condições particulares, o que faz com que ele tenha certo estatuto, entre uma rede discursiva, onde pode ser transformado, circular, servir ou não a interesses, ser objeto de disputa, tema a ser investido. Enfim ele produz efeitos (ARAÚJO, 2004: 231).

Para enfrentar essas questões, as contribuições de uma outra vertente de estudos em torno da problemática da "relação com o saber", que vem sendo desenvolvida em torno do grupo de Bernard Charlot (1997, 2001, 2005), abrem pistas interessantes para essa discussão. Ao tomarem como foco a condição relacional dos saberes, elas introduzem o papel ativo dos sujeitos na produção de sentidos em situação de aprendizagem. Como afirma Charlot:

> A problemática da relação com o saber recusa-se a definir a aprendizagem partindo apenas do movimento daquele que aprende ou das características daquilo que é aprendido. O que importa, como já se explicou, é a conexão entre sujeito e o saber, entre o saber e o sujeito (CHARLOT, 2001: 21).

Deslocar a discussão para a "relação em si", entre sujeitos e saberes, não significa negar a necessidade de avançar na discussão, acima iniciada, sobre a natureza social e objetiva do conhecimento escolar ou de uma parcela desse conhecimento. Todavia, reconhecer que os sentidos atribuídos não se encontram apenas nos saberes ensinados e aprendidos, mas também nos sujeitos que ensinam e aprendem, parece-me central quando estamos falando de currículo escolar.

Essa afirmação assume um interesse ainda maior quando associada às contribuições das críticas pós-estruturalistas para a reflexão acerca da linguagem. Em primeiro lugar, pelo fato de a perspectiva construcionista, que está na base da virada cultural anteriormente mencionada, abrir a possibilidade de perceber os sujeitos sociais constituídos, posicionados de modo a agir como autores, a negociar seu relacionamento com os tipos variados de discurso a que recorrem e/ou são submetidos.

Em seguida, ao introduzir os sujeitos na reflexão acerca dos saberes, a problemática desenvolvida por Charlot (1997, 2001, 2005) instiga-nos a pensar que, para avançar, precisamos reinventar discursos que ainda atribuam sentidos ao sujeito, à razão e à verdade, em outras matrizes, diferentes daqueles produzidos por um certo projeto de modernidade, mas que nos permita continuar apostando no papel político da escola pública. Precisamos enfrentar, no campo do currículo, a questão da linguagem e da sua relação com o conhecimento. Aqui nos deparamos novamente com a necessidade de enfrentar questões de sentido e, em particular, de sentidos de linguagem. Isso significa percebê-la não apenas como objeto de reflexão ou elemento de um quadro teórico, mas reconhecê-la, também, como construtora, produtora de objetos, teorias e sujeitos, como chave-mestra das leituras plurais de práticas sociais. Significa tirá-la dos bastidores e trazê-la para o centro da cena. Não mais lhe atribuir um papel de coadjuvante, secundário, de apoio às ideias e saberes, mas o papel do protagonista em torno do qual são tecidas as tramas e sem o qual não há ação. É considerá-la como um "instrumento de pensar", "arma de luta" (CORAZZA, 2000: 89). A linguagem é um elemento incontornável, quando se trata de pensar e intervir na vida social em geral, no cotidiano escolar e em particular nas relações estabelecidas entre os sujeitos e os saberes. De fato, se a linguagem não cria mundos, sem dúvida, ela cria sentidos para os mundos. A questão da linguagem – entendida como um "*óculos* para ver e uma *língua* para dizer as coisas e as palavras da educação, da pedagogia, do currículo" (CORAZZA, 2000: 89) – faz-se, pois, presente seja de forma latente ou explícita.

Assim, no que diz respeito à validade do conhecimento escolar, o desafio consiste na construção de um instrumental analítico que permita contemplar tanto a dimensão epistemológica quanto a dimensão simbólica presente nos embates cotidianos entre sujeitos e saberes que interagem no contexto escolar. Para isso, o diálogo com representantes do campo da análise do discurso, como Fairclough (2001), pode ser bastante fértil.

> É importante que a relação entre discurso e estrutura social seja considerada como dialética para evitar os erros de ênfase indevida; de um lado, na determinação social do discurso e, de outro, na construção social do discurso. No primeiro caso, o discurso é mero reflexo de uma realidade social mais profunda; no último, o discurso é representado idealizadamente como fonte do social. O último talvez seja o erro mais imediatamente perigoso, dada a ênfase nas proprie-

dades constitutivas do discurso em debates contemporâneos (FAIRCLOUGH, 2001: 92).

O "grito de alerta" contido nessa citação nos enfatiza as infinitas possibilidades de discursos, a relação instável entre palavras e as coisas. Fairclough (2000) chama a atenção para o fato de a argumentação em defesa da dimensão constitutiva do discurso assumir aspectos particulares que merecem ser explorados. Entre esses, destaca-se a questão da referência, que nos remete aos debates em torno da objetividade, da exterioridade das categorias linguísticas e cognitivas. Fairclough (2000) faz uma distinção conceitual entre referência e significação que, no meu entender, pode contribuir para reforçar a pertinência da afirmação de Michael Young sobre a exterioridade do conhecimento anteriormente mencionada. Como sublinha o autor:

> Com respeito aos objetos, talvez seja útil usar ambos os termos referência e significação: o discurso inclui referência a objetos pré-constituídos, tanto quanto a significação criativa é constitutiva dos objetos (FAIRCLOUGH, 2001: 87).

Reconhecer e analisar o papel desempenhado pelo referente, ou melhor, pelos processos de referenciação (ARAÚJO, 2004: 213) nos discursos que operam com o caráter constitutivo da linguagem pode ser um caminho possível de objeção às afirmações que tendem a negar ou esvaziar a discussão sobre a questão da validade do conhecimento escolar do ponto de vista epistemológico. Embora essas reflexões sejam apenas alinhavos, esperando costuras mais consistentes, elas já permitem apontar algumas de suas implicações para pensar a prática pedagógica cotidiana.

Sujeitos, saberes e linguagem no cotidiano escolar

Em que medida incorporar as contribuições anteriormente mencionadas pode contribuir para pensar o cotidiano da escola? "Ler a escola" a partir do lugar da epistemologia social escolar, reconhecendo tanto o papel central e constitutivo da linguagem quanto a necessidade de incorporar na análise, o debate acerca de questões que envolvem objetividade e verdade do conhecimento escolar, permite esboçar algumas considerações.

No que se refere ao diálogo entre escola e cultura, incorporar a reflexão aqui proposta oferece um instrumental de análise para pensar estratégias que contribuam para desconstruir o caráter monocultural (CANDAU, 2002, 2005) e monoglota (CORAZZA, 2000) dessa instituição, na medida em que se coloca ao lado das críticas à concepção de linguagem sobre a qual se sustentam esses discursos.

De uma maneira geral, essas críticas versam sobre a incapacidade do modelo de escola, inventado na Modernidade, lidar com as diferenças de vozes, leituras, desejos, sonhos, narrativas, dos diferentes sujeitos que nela interagem. A linguagem operada pela e na escola, para "falar de si mesma", para "transmitir ou ensinar conhecimentos", para estabelecer "normas de relacionamento entre os sujeitos", está ainda apoiada em uma concepção representacionista da linguagem, pela qual essa só faz refletir, como um espelho, as coisas do mundo, que carregariam, em si, os seus próprios significados.

Nessa concepção de linguagem, os saberes escolares não precisam ser problematizados, eles "são o que são", o que "está no programa", nos livros didáticos, nos planos de aula; são neutros, descontextualizados, a-históricos. Produzir e ensinar saberes tende ainda a ser visto como um ato de desvelar as verdades universais e absolutas das coisas. A linguagem seria apenas um meio, um suporte, através do qual essas verdades seriam socializadas, transmitidas por "aqueles que sabem" para aqueles "que não sabem". Nesse registro, mesmo quando há a intencionalidade de utilizar "diferentes linguagens" na sala de aula, ela permanece, muitas vezes, apoiada em uma matriz representacionista, logo, em uma visão coisifi-

236

cada da linguagem, associada a diferentes recursos de veiculação de verdades estáveis e muitas vezes inquestionáveis.

No que se refere aos sujeitos, professores/as e alunos/as, essa concepção, que tende ainda a predominar nas escolas, os enquadra na categoria de "humanidade". É nessa categoria de "sujeitos universais" que as portas dessa instituição são abertas para que ensinem e aprendam. Mesmo quando questões do universo da linguagem começam a ser incorporadas pelas teorias educacionais críticas, por meio das abordagens estruturalistas do discurso, essa concepção representacionista de linguagem não é suficientemente colocada em questão, dificultando a professores/as e alunos/as assumirem sua condição de atores sociais. De sujeitos universais, os sujeitos passam a ser percebidos por categorias como dominante, dominado, opressor, oprimido. Não se trata de negar a contribuição desses construtos teóricos; o desafio é ir além da crítica da dominação. É problematizar as tendências de homogeneização, de uniformização presentes nas linguagens que falam sobre dominação. É buscar caminhos que permitam pensar a relação dominador-dominado sem denominadores comuns, é deixar que a condição de oprimido possa também ser dita, falada, lida, narrada, vivida, no plural.

Para tal, é preciso uma crítica mais radical da linguagem que permita, ao mesmo tempo, denunciar, combater desigualdades, afirmar diferenças e negociar utopias emancipatórias, em uma arena de luta onde vencedores e vencidos, opressores e oprimidos mudam constantemente de posições de sujeito em função dos diferentes jogos de linguagem que estão sendo jogados. Descentrar o sujeito universal, problematizar os sujeitos dominantes e dominados, reafirmar a necessidade de sujeitos coletivos produtos de negociações e convenções – ainda que provisórias – e produtores de sentido e de verdades pactuadas, pelas quais se acredita que vale ainda a pena lutar.

Argumento, assim, que a maior potencialidade de uma concepção de linguagem, como a reafirmada pela "virada cultural", consiste em oferecer subsídios para enfrentar esses desafios. No que se refere à problematização de saberes, ela permite evitar cair nas armadilhas do "ou isto ou aquilo", na medida em que, ao mesmo tempo que critica a visão representacional da linguagem, essa abordagem não nega a existência de um referente extradiscursivo, tornando-se, assim, possível pensar questões de objetividade e de verdade do conhecimento escolar.

Essa possibilidade é importante quando estamos falando de aprendizado e de escola como espaço onde são estabelecidas relações privilegiadas com os saberes científicos. Desautorizar a ciência como única forma de saber capaz de dar inteligibilidade ao mundo, questionar as relações hierárquicas entre os saberes científicos e os demais saberes, problematizar os critérios de legitimação social atribuída a esse tipo de saber, afirmar a sua historicidade não significa negar o seu papel crucial e estratégico no processo de ensino-aprendizagem em uma perspectiva emancipatória.

Uma outra possível contribuição diz respeito ao fato de a concepção de linguagem aqui defendida permitir, igualmente, trazer para o centro da cena e de forma não hierarquizada, sujeitos e suas linguagens, com as quais constroem sentidos e estabelecem verdades de forma bem mais complexa, oferecendo pistas para pensar o espaço discursivo como lugar de confrontos no qual também ocorrem lutas pela transformação nas relações de poder. Nessa perspectiva, os discursos reproduzem e produzem significados, apontando a possibilidade do reconhecimento da mudança discursiva não ser apenas um reflexo das mudanças sociais. A incorporação da dimensão prática do discurso[2], tal como entendida por Fairclough,

---

2. Para Fairclough o termo prática significa "exemplos reais de pessoas que fazem, dizem ou escrevem coisas".

permite a análise "dos mecanismos detalhados de mudança" e de resistência, apontando a possibilidade de se pensar as estruturas como sendo reproduzidas e transformadas também na prática discursiva. "As práticas discursivas em mudança contribuem para modificar o conhecimento (incluindo crenças e o senso comum), as relações sociais e as identidades sociais" (FAIRCLOUGH, 2001: 27).

Por fim, importa sublinhar os efeitos no cotidiano escolar do impacto da centralidade da cultura na constituição da subjetividade, da própria identidade e do sujeito como um ator social (HALL, 1997). Nessa perspectiva de análise, o currículo passa a ser visto como espaço de enunciação onde são produzidas, contestadas e negociadas políticas de identidades e de diferenças. Assumir essa centralidade da cultura na produção das identidades implica o afastamento das perspectivas mais essencialistas que tendem a explicar as identidades pela existência de uma essência biológica ou cultural. Isto é, significa reconhecer que as marcas identitárias são construídas na relação de poder assimétricas com diferentes sentidos disponíveis e disputados no contexto onde elas emergem, nesse caso no contexto escolar.

Uma pausa na beira do caminho

As argumentações aqui desenvolvidas sobre a construção de uma zona de interlocução teórica inserem-se, pois, em um duplo movimento de continuidade e de ruptura, de reafirmação e de reelaboração em relação às diferentes correntes teóricas em disputa. Trata-se de construir um quadro teórico em que seja possível sustentar a concepção de um currículo como "um espaço-tempo de fronteira entre saberes" (MACEDO, 2006: 105), saberes entendidos, por sua vez, como uma forma legítima de criação de significados, de enunciados. Isso significa entender os saberes escolares como não estando soltos no mundo, e sim "mais ou menos ligados por outros enunciados, numa série discursiva que institui um regime de verdade fora do qual nada tem sentido" (VEIGA-NETO, 2000).

Enfim, trata-se de hibridizar os discursos sobre cultura, conhecimento, poder e currículo para pensar crítica e pós-criticamente a natureza e função do conhecimento escolar e suas imbricações com questões de cultura e poder. Hibridizar, todavia, sem abrir mão de pensar a escola pública como um espaço político, ainda importante no cenário atual, na disputa ou negociação de projetos de sociedade nos limites do campo de possibilidades, ainda que contingenciais, em que eles são pensados. Disputa e negociação que se fazem por meio da produção, distribuição e consumo – em um espaço com suas especificidades próprias – de conhecimentos-enunciados sobre esse mundo no qual vivemos e que, para alguns, por diferentes razões e crenças, é possível transformar para "melhor". As aspas indicam possibilidade de mais de um significado e direção, para esse adjetivo superlativo, o que pode enfraquecer o argumento. Usá-las, contudo, significa também apostar ainda na mudança, uma mudança cujo sentido e direção estão sendo permanentemente disputados e negociados nas contingências de nosso presente.

Referências bibliográficas

ALVES, N. & OLIVEIRA, I. (2001). *Pesquisa no/do cotidiano das escolas sobre redes de saberes*. Rio de Janeiro: DP&A.

ARAÚJO, I.L. (2004). *Do signo ao discurso* – Introdução à filosofia da linguagem. São Paulo: Parábola.

CANDAU, V.M. (2007). *Escola e cultura(s)* – As tensões entre universalidade e multiculturalismo [Texto apresentado na reunião da Anped sudeste, 2007. Versão digital].

_____ (2000). "O currículo entre o relativismo e o universalismo – Dialogando com Jean-Claude Forquin". *Educação & Sociedade*, ano XXI, dez. Cedes.

CANDAU, V.M. (org.) (2005). *Cultura(s) e educação*: entre o crítico e o pós-crítico. Rio de Janeiro: DP&A.

_____ (2002). *Sociedade, educação e cultura(s)*: questões e propostas. Petrópolis: Vozes.

CHARLOT, B. (2005). *Relação com o saber, formação dos professores e globalização* – Questões para a educação hoje. Porto Alegre: Artmed.

_____ (2001). A noção de relação com o saber: bases de apoio teórico e fundamentos antropológicos. In: *Os jovens e o saber*: perspectivas mundiais. Porto Alegre: Artmed.

_____ (1997). *Du rapport au savoir* – Élements pour une théorie. Paris: Anthropos.

CHEVALLARD, Y. (1991). *La transposition didactique du savoir savant au savoir enseigné*. Paris: La Pensée Sauvage.

CHERVEL, A. (1990a). "As histórias das disciplinas escolares – Reflexões sobre um domínio de pesquisa". *Teoria & Educação*, n. 2. Porto Alegre.

_____ (1990b). L'école: lieu de production d'une culture. In: *Analyser et gérer les situations d'enseignement et apprentissage*. Paris: INRP.

CORAZZA, S.M. (2000). O que faz gaguejar a linguagem da escola. In: CANDAU, V.M. (org.). *Didática, currículo e saberes escolares*. Rio de Janeiro: DP&A.

DEVELAY, M. (1995). Le sens d'une refléxion épistemologique. In: DEVELAY, M. (org.). *Savoirs scolaires et didactiques des disciplines* – Une encyclopédie pour aujourd'hui. Paris: ESF.

DEVELAY, M. (1991a). "Les contenus d'enseignement: discipline et 'matrice disciplinaire'". *Cahiers Pédagogiques*, n. 298, nov., p. 25-27. Paris.

_____ (1991b). "Les contenus dénseignement: la face cachée des disciplines scolaires". *Cahiers Pédagogiques*, n. 298, nov., p. 9-13. Paris.

FAIRCLOUGH, N. (2001). *Discurso e mudança social.* Brasília: UnB.

FORQUIN, J.C. (2000). "O currículo entre o relativismo e o universalismo". *Educação & Sociedade*, ano XXI, dez. Cedes.

_____ (1993). *Escola e cultura*: as bases sociais e epistemológicas do conhecimento escolar. Porto Alegre: Artes Médicas.

_____ (1992). Saberes escolares, imperativos didáticos e dinâmicas sociais. *Teoria & Educação.*

GABRIEL,C.T. (2003). *Um objeto de ensino chamado história* – A disciplina de História nas tramas da didatização. Rio de Janeiro: PUC [Tese de doutorado em Educação].

_____ (2000). O conceito de História-ensinada: entre a razão pedagógica e a razão histórica. In: CANDAU, V.M. (org.). *Reinventar a escola.* Petrópolis: Vozes, p. 238-258.

_____ (1999). O *saber histórico escolar*: entre o universal e o particular. Rio de Janeiro: PUC [Dissertação de mestrado em Educação].

GIMENO-SACRISTAN, J. (1996). Escolarização e cultura: a dupla determinação. In: SILVA, L.H.; AZEVEDO, J.C.; SANTOS, E.S. (org.). *Novos mapas culturais, novas perspectivas educacionais.* Porto Alegre: Sulina.

_____ (1995). Currículo e diversidade cultural. In: MOREIRA, A.F.; SILVA, T.T. (orgs.). *Territórios contestados* – O currículo e os novos mapas políticos e culturais. Petrópolis: Vozes.

GOODSON, I. (1995). *Currículo*: teoria e história. Petrópolis: Vozes.

_____ (1990). "Tornando uma matéria acadêmica: padrões de explicação e evolução". *Teoria & Educação*, n. 21, p. 230-254. Porto Alegre.

HALL, S. (1997). "A centralidade da cultura: notas sobre as revoluções do nosso tempo". *Educação & Realidade*, vol. 22, n. 2, jul.-dez., p. 15-46.

KOSELLECK, R. (1990). *Le futur passé* – Contribution à la semantique des temps historiques. Paris: L'École des Hautes Études en Sciences Sociales.

LOPES, A.C. (2007). Conhecimento escolar e conhecimento científico: diferentes finalidades, diferentes configurações. In: LOPES, A.C. *Currículo e epistemologia*. Ijuí: Unijuí.

_____ (2000a). Produção de saberes na escola: suspeitas e apostas. In: CANDAU, V.M. (org.). *Didática, currículo e saberes escolares*. Rio de Janeiro: DP&A, p. 39-52.

_____ (2000b). Organização do conhecimento escolar, analisando a disciplinaridade e a integração. In: CANDAU, V.M. (org.). *Linguagens, espaços e tempos no ensino e aprender*. Rio de Janeiro: DP&A, p. 147-63.

_____ (1999). *Conhecimento escolar*: ciência e cotidiano. Rio de Janeiro: Eduerj.

_____ (1997a). "Conhecimento escolar: inter-relações com conhecimentos científicos e cotidianos". *Contexto & Educação*, vol. 11, n. 45, jan.-mar., p. 40-59. Ijuí.

_____ (1997b). "Conhecimento escolar: processos de seleção cultural e de mediação didática". *Educação & Realidade*, n. 22, jan.-fev., p. 95-111. Porto Alegre.

_____ (1997c). "Conhecimento escolar: processos de seleção cultural e mediação didática". *Educação & Realidade*.

MACEDO, E. (2006a). "Currículo como espaço-tempo de fronteira cultural". *Revista Brasileira de Educação*, vol. 11, n. 32, p. 285-296.

_____ (2006b). "Currículo: política, cultura e poder". *Currículo sem Fronteiras*, vol. 6, n. 2, p. 98-113.

_____ (2003/2004). "Currículo e hibridismo: para politizar o currículo como cultura". *Educação em Foco*, vol. 8, n. 1 e 2, p. 13-30.

MACEDO, E. & LOPES, A.C. (2002). O pensamento curricular no Brasil. In: MACEDO, E. & LOPES, A.C. (orgs). *Currículo*: debates contemporâneos. São Paulo: Cortez.

MOREIRA, A.F. (2000). O campo do currículo no Brasil: os anos noventa. In: CANDAU, V.M. (org.). *Didática, currículo e saberes escolares*. Rio de Janeiro: DP&A.

_____ (1998). A crise da teoria crítica curricular. In: COSTA, M.V (org.). *O currículo nos limiares do contemporâneo*. Rio de Janeiro, DP&A.

_____ (1997). Currículo, utopia e pós-modernidade. In: MOREIRA, A.F. (org.). *Currículo*: questões atuais. Campinas: Papirus, p. 9-28.

_____ (1995). O currículo como política cultural e a formação docente. In: MOREIRA, A.F. & SILVA, T.T. (orgs.). *Territórios contestados*: o currículo e os novos mapas políticos e culturais. Petrópolis: Vozes.

MOREIRA, A.F. & MACEDO, E. (2002). Currículo, identidade e diferença. In: MOREIRA, A.F. & MACEDO, E. (orgs.). *Currículo, práticas pedagógicas e identidades*. Porto: Porto Ed. p. 11-33.

_____ (1999). Faz sentido ainda o conceito de transferência educacional? In: MOREIRA, A.F. (org.). *Currículo*: políticas e práticas. Campinas: Papirus.

MOREIRA, A.F. & SILVA, T.T. (orgs.) (1995). *Currículo, cultura e ensino*. São Paulo: Cortez.

PERRENOUD, P. (1998). "La transposition didactique à partir de pratiques: des savoirs aux competences". *Revue des Sciences de l'Éducation*, vol. 24, n. 3, p. 487-514. Montreal.

SILVA, T.T. (2000). "Currículo, universalismo e relativismo: uma discussão com Jean Claude Forquin". *Educação & Sociedade*, ano XXI, dez. Cedes.

_____ (1999). *O currículo como fetiche*. Belo Horizonte, Autêntica.

_____ (1997). *Currículo e cultura como práticas de significação* [Palestra proferida na Anped (mimeo.)].

VEIGA-NETO, A. (2000). Michel Foucault e os estudos culturais. In: COSTA, M.V. *Estudos culturais em educação*: meta-arquitetura, brinquedo, biologia, literatura, cinema. Porto Alegre: Ed. Universidade/UFRG.

YOUNG, M. (2002). "Durkheim, Vygotsky e o currículo do futuro". *Caderno de Pesquisa*, n. 117, set., p. 53-80.

_____ (2000). *O currículo do futuro*: da nova sociologia da educação a uma teoria crítica do aprendizado. Campinas: Papirus.

YOUNG, M. & MULLER, J. (2007). "Verdade e veracidade na sociologia do conhecimento educacional". *Educação em Revista*, n. 45, jun. Belo Horizonte: UFMG.

CULTURAL

Administração
Antropologia
Biografias
Comunicação
Dinâmicas e Jogos
Ecologia e Meio Ambiente
Educação e Pedagogia
Filosofia
História
Letras e Literatura
Obras de referência
Política
Psicologia
Saúde e Nutrição
Serviço Social e Trabalho
Sociologia

CATEQUÉTICO PASTORAL

Catequese
　Geral
　Crisma
　Primeira Eucaristia

　Pastoral
　　Geral
　　Sacramental
　　Familiar
　　Social
　　Ensino Religioso Escolar

TEOLÓGICO ESPIRITUAL

Biografias
Devocionários
Espiritualidade e Mística
Espiritualidade Mariana
Franciscanismo
Autoconhecimento
Liturgia
Obras de referência
Sagrada Escritura e Livros Apócrifos

　Teologia
　　Bíblica
　　Histórica
　　Prática
　　Sistemática

REVISTAS

Concilium
Estudos Bíblicos
Grande Sinal
REB (Revista Eclesiástica Brasileira)

VOZES NOBILIS

Uma linha editorial especial, com importantes autores, alto valor agregado e qualidade superior.

VOZES DE BOLSO

Obras clássicas de Ciências Humanas em formato de bolso.

PRODUTOS SAZONAIS

Folhinha do Sagrado Coração de Jesus
Calendário de mesa do Sagrado Coração de Jesus
Agenda do Sagrado Coração de Jesus
Almanaque Santo Antônio
Agendinha
Diário Vozes
Meditações para o dia a dia
Encontro diário com Deus
Guia Litúrgico

CADASTRE-SE
www.vozes.com.br

EDITORA VOZES LTDA.
Rua Frei Luís, 100 – Centro – Cep 25689-900 – Petrópolis, RJ
Tel.: (24) 2233-9000 – Fax: (24) 2231-4676 – E-mail: vendas@vozes.com.br

UNIDADES NO BRASIL: Belo Horizonte, MG – Brasília, DF – Campinas, SP – Cuiabá, MT
Curitiba, PR – Fortaleza, CE – Goiânia, GO – Juiz de Fora, MG
Manaus, AM – Petrópolis, RJ – Porto Alegre, RS – Recife, PE – Rio de Janeiro, RJ
Salvador, BA – São Paulo, SP